*Günter Gülden*

# I have a Dream

© Günter Gülden, Juli 2007

Umschlagfotos: Günter Gülden

Satz/Gestaltung: Jochen Gülden

Fotos: Günter Gülden, Heijo Heister

Herstellung und Verlag:

Books on Demand GmbH, Norderstedt

Printed in Germany, ISBN: 9783833494567

## *Widmung*

Diese Aufzeichnungen von meiner Wallfahrt nach Santiago de Compostela möchte ich ganz besonders meiner Frau Helga, sowie meiner Familie widmen.

# Inhaltsverzeichnis

## Vorbereitungen

### *„I have a Dream"*

Ja, so möchte ich meinen Wunsch beschreiben, einmal auf dem Jakobsweg zu pilgern, und in *Santiago de Compostela* das Grab des heiligen Jakobus zu besuchen. Seit vielen Jahren pilgere ich mit Gleichgesinnten nach Trier, zum Grab eines anderen Apostels, nämlich des heiligen Matthias.

In den letzten zwei bis drei Jahren wurde mein Wunsch immer ausgeprägter, und ich fand in meinem langjährigen Freund und Matthiasbruder *Heijo* den Partner für den Jakobsweg. Wir haben uns dann vor ca. zwei Jahren ganz konkret auf das Jahr 2006 festgelegt.

Ende 2005 nahm unser Vorhaben dann klare Formen an. Wir buchten schon unsere Hin- und Rückflüge, und das Hotel für die Übernachtungen in *Bilbao* und *León*.

Ich habe sehr viel im Internet recherchiert, um für unsere Planung brauchbare Hinweise und Tipps zu finden. Für uns stand fest, daß wir in den drei zur Verfügung stehenden Urlaubswochen, von *León* nach *Santiago de Compostela* pilgern würden. Also habe ich damit begonnen, unsere Etappen zu planen. Dabei waren verschiedene Publikationen sehr hilfreich. Nachdem ich mich länger mit den Details befasst hatte, konnte ich feststellen, daß die meisten Etappen sehr ähnlich bis völlig identisch waren.

Wichtig war für uns immer die Überlegung, möglichst nicht mehr als 25km täglich einzuplanen, sowie sicherzustellen, daß am Etappenziel auch ausreichende Unterkunftsmöglichkeiten bestanden.

Durch verschiedene Beiträge im Internet konnte ich aus vielen Packlisten eine für uns zusammenstellen, die alles Notwendige enthalten musste und dabei aber nicht über 11kg Gesamtgewicht kommen durfte.

Jedes Teil wurde gewogen. Manchmal haben wir geglaubt, die kleinste Tube gefunden zu haben, dann aber fand einer von uns noch eine kleinere. Es wurde beratschlagt, wie viele Garnituren an Kleidung wir zum Wechseln haben sollten. Wir einigten uns auf drei, eine hatten wir am Körper und zwei frische noch im Rucksack. Ersatzschuhe ja oder nein? Welche Tabletten und Vitamine? Was brauchen wir zum Waschen, was für die Körperpflege? Die Ersatzbrille nicht vergessen. Hut, Windjacke, Schlafsack, spezielle, schnelltrocknende Fleece Handtücher. Wo lassen wir unsere Papiere, Scheckkarte, KK-Karte und das Geld? Dann eine ganz wichtige Frage, wie viel Wasser müssen wir unterwegs mitnehmen? Es gibt laut Internet zwar Brunnen mit genießbarem Wasser, aber wir sind skeptisch. Wir wollen das Trinkwasser in Flaschen einkaufen und dann umfüllen.

Die Packliste wird fast täglich verändert bzw. angepasst. Und immer wieder wird gewogen. Dann Probepacken! Ich habe ca. 9,5kg, hoffentlich stimmt unsere Waage. Aber es fehlt noch das Wasser, dafür muss ich noch einmal ca. 2kg rechnen. Also es wird doch schwerer als ich anfangs gedacht hatte.

Wir treffen uns mehrfach und sprechen die Details durch. Wir legen außerdem fest, mit Hilfe von Nordic-Walking, eine gewisse Fitness zu erreichen. Auch „Abnehmen" steht auf unserem Plan.

Die Zeit vergeht und unser Reisetermin rückt immer näher.

Wir haben mit unserem Pfarrer gesprochen, und darum gebeten, daß er uns am Tag vor der Abreise nach Spanien, den Pilgersegen geben möge. Er selbst kann an diesem 1. September leider nicht, aber unser Kaplan übernimmt gerne diese Aufgabe.

Am Freitagabend treffen sich der Kaplan, Helga und ich bei Uschi und Heijo zu einem gemütlichen und schönen Abend. Erst erteilt uns der Kaplan den Pilgersegen, wir machen noch ein paar Fotos von uns allen, und dann lädt der schöne und reichlich gedeckte Tisch zum Schmausen ein. Dazu ein leckerer Rotwein.

Nachdem uns dann der Kaplan verlassen hat, bleiben wir noch für ein paar schöne Stunden und sprechen noch intensiv vom morgigen Tag.

Wir haben hoffentlich an alles gedacht und sind gut vorbereitet. In den nächsten Tagen wird sich zeigen, ob die Theorie der Realität auch standhält. Aber notfalls werden wir eben improvisieren und uns anpassen.

Wir freuen uns, daß es morgen früh endlich losgeht.

## *Der Tag der Abreise*

Heute Morgen bin ich doch ganz schön „aufgekratzt". Um 09:15 Uhr werden Helga und ich abgeholt. Heijo, Uschi und die Tochter Sandra fahren kurz nach 09:00 Uhr vor. Wir laden mein Gepäck ein und los geht es in Richtung Flughafen Düsseldorf. Dort angekommen, packen wir unsere schweren Rucksäcke und unser kleines Handgepäck auf eines der bereitstehenden Kofferwägelchen. Wir werden herzlich verabschiedet und gehen ins Flughafengebäude hinein. Vorher haben Uschi und Sandra noch schnell ein paar Fotos von uns gemacht – die berühmten Fotos „Vorher". Langes Winken – und dann suchen wir unseren Chek-kIn-Schalter von AirBerlin.

Alles geht reibungslos, meine Stöcke muss ich beim Schalter für Sondergepäck abgeben. Anschließend gehen wir durch die Kontrolle – es wird sehr gründlich geprüft. Aber auch diese Prozedur überstehen wir Beide ohne Schwierigkeiten. Danach steuern wir Gate B51 an und nehmen in dem angrenzenden Cafe/Restaurant Platz. Ein großer Milchkaffee für mich, ein Cappuccino für Heijo – schon sind wir 6,50 EURO los. Das fängt ja schon gut an! Nun warten wir auf das Boarding.

Es ist soweit. Wir gehen an Bord und suchen unsere Sitzplätze. Das Gepäck ist im Bauch der Maschine verstaut und wir haben nur einen kleinen Beutel als Handgepäck. Mit so wenig Handgepäck bin ich noch nie geflogen!

Es ist ca. 14:00 Uhr und wir sind soeben in Palma de Mallorca gelandet. Hostessen haben uns den Weg zu unserem Anschlussflug nach *Bilbao* gewiesen. Nun haben wir etwas mehr als eine Stunde Aufenthalt. Wir beschließen unser mitgebrachtes Brot zu essen und dazu was Kaltes zu trinken. Dann checken wir erneut ein und nehmen Platz im Flieger der AirBerlin, der uns nach *Bilbao* bringen soll.

Wir landen mit Verspätung, um 16:45 Uhr, in *Bilbao*. Der Flug war OK. Wir sind über viele Berge geflogen. Zeitweise haben wir nun verdorrtes Land unter uns gesehen, so etwa um Saragossa herum.

Der Flughafen ist relativ klein, das Flughafengebäude betagt und sehr einfach. Wir stehen am Band und warten auf unser Gepäck. Es dauert eine ganze Weile ehe es kommt. Zuerst mein Rucksack, der sich in einem 120 Liter Müllsack befindet und den Transport hierher gut überstanden hat, dann meine Stöcke und zuletzt der Rucksack von Heijo.

Wir gehen nach draußen und warten recht lange, ehe ein freies Taxi zu bekommen ist. Wir nennen dem Fahrer unser Hotel und er bringt uns flott nach *Bilbao*. Leider lädt er uns im falschen Hotel ab. Es hat einen sehr ähnlichen Namen als das, welches ich über das Internet vorgebucht habe. Also raus aus dem Hotel, wieder ein Taxi und dann betreten wir endlich das richtige Hotel. Die Anmeldung geht glatt und wir nehmen Besitz von unserem Hotelzimmer.

Als erstes machen wir uns ein wenig frisch, und wechseln unsere schweren Wanderschuhe gegen leichte Turnschuhe, die wir in den Rucksäcken mitgebracht haben. Danach geht's ab in die Stadt, wir wollen ja einiges von *Bilbao* sehen! *Bilbao* ist eine sehr schöne Stadt.

Das Guggenheim Museum, schöne Kirchen, einladende Parks, der Ria *Bilbao*, der durch die Stadt fließt, und irgendwann ins Meer mündet.

Prachtstraßen mit Geschäften von Gucci, Zara, Massimo Dutti und, und, und. Direkt gegenüber vom Guggenheim Museum trinken wir ein eiskaltes Bier vom Fass und genießen, daß wir hier heute gut angekommen sind.

Im Laufe des Abends knurrt uns dann der Magen. Wir suchen und finden endlich etwas, das für uns in Frage kommt. Wir essen leckere Tapas und wieder ein schönes Bier dazu. Als „Nachtisch" gibt es einen Anis auf Eis – schmeckt sehr lecker! Gegen 22:45 Uhr, nach einem Absacker direkt neben unserem Hoteleingang, suchen wir unser Zimmer auf. Oh Gott, wie packen wir das morgen früh wieder alles in unsere Rucksäcke?

## Von Bilbao nach León

Gestern Abend habe ich mein Handy auf 07:00 Uhr gestellt. Pünktlich werden wir geweckt. Wir haben beide nicht so gut geschlafen, da der Lärm aus den Kneipen der historischen Altstadt uns daran gehindert hat. Nun eine erfrischende Dusche und der neue Tag kann für uns beginnen.

Um 08:00 Uhr checken wir aus und bezahlen unser Doppelzimmer – 65,00 EURO plus der üblichen Mehrwertsteuer von 7%.

Wir wollen gleich zum Bahnhof *Bilbao– Abando* gehen, vorher aber nach Möglichkeit noch frühstücken.

Plötzlich spricht uns ein junger Mann mit Rucksack an. Es stellt sich schnell heraus, daß er auch Deutscher ist. Er ist gestern Abend hier angekommen und da es sehr spät war, hat er kein Zimmer mehr bekommen. Die ganze Nacht hat er durchgemacht, irgendwo – irgendwie. Er nimmt den gleichen Zug wie wir, und wird in Burgos aussteigen, um von dort dann den Camino de *Santiago* zu gehen. Gemeinsam suchen wir nun eine Cafe-Bar in Bahnhofsnähe. Nach längerem Suchen sehen wir rechts vom Eingang zum Bahnhof das was wir suchen. Wir bestellen auf die Schnelle das typisch spanische Frühstück, Cafe und ein Croissant. Wir verabschieden uns voneinander und wünschen uns gegenseitig „*Buen Camino*".

Nun gehen wir in den Bahnhof hinein. Es ist noch nichts los, schließlich haben wir Sonntagmorgen! Wir besorgen uns jeder ein Ticket von

*Bilbao* nach *León* und stellen fest, daß wir viel zu früh hier sind. Aber wir wollten keine Hektik und nehmen das Warten bis zur Abfahrt in Kauf.

Irgendwann wird der Zug dann auf Gleis 6 geschoben. Der Bahnsteig von Gleis 6 ist mit einem Band abgesperrt. Wir beobachten, wie nach einiger Zeit die ersten Passagiere zu diesem Absperrband gehen und nach und nach ihr Gepäck auf einen Durchleuchtungstisch legen, so wie bei der Kontrolle am Flughafen. Zwei Beamte kontrollieren den Inhalt der Gepäckstücke am Bildschirm. Eine Leibesvisitation, wie am Flughafen, gibt es aber nicht. Wir vermuten, daß diese Kontrolle an Bahnhöfen nach den Anschlägen in Madrid eingeführt wurde.

Pünktlich um 09:15 Uhr setzt sich unser Zug in Bewegung. Es ist ein schöner, sauberer und klimatisierter Zug. Wir suchen uns einen Platz aus und stellen nach einiger Zeit fest, daß wir auf unseren Tickets feste Sitzplätze haben, die wir sicherheitshalber dann auch aufsuchen.

Unser Zug fährt durch eine grüne Landschaft mit saftigen Wiesen, blühenden Büschen und vorbei an Waldgebieten. Immer wieder queren wir einen kleinen Fluss. Die Landschaft ist hügelig und fast so wie in der Eifel, sagen wir so, wie auf der Fahrt von Köln nach Trier. Zur Erinnerung – wir befinden uns in Nordspanien.

Ab Burgos wird es anders. Verdorrte Landstriche, kaum was Grünes. Dann Getreidefelder, abwechselnd mit Sonnenblumenfeldern – so weit das Auge reicht. Man sieht kaum noch Dörfer, dann nur noch vereinzelte Steinhäuser und manchmal eine allein stehende Kirche.

Wir nähern uns nun endlich *León*. Heijo und ich haben abwechselnd verschiedene Nickerchen gemacht, um die Fahrzeit von ca. fünf Stunden abzukürzen. Zwischendurch gibt es eine Überraschung aus Heijos Rucksack – Haribo (300g). Die haben wir bis *León* aufgefuttert – natürlich nur, damit Heijos Rucksack etwas leichter wird!

Draußen scheint es sehr heiß zu sein. Mal sehen, was mein Thermometer gleich anzeigt.

Ankunft in *León* um 14:05 Uhr. Mit dem Taxi fahren wir zum vorgebuchten Hotel „Tryp". Wir checken ein, ziehen uns um, und ab in die Stadt.

Wir gehen zu Fuß in die Stadt – ein langer Weg! Die schönste Kathedrale Spaniens, die

Basilika *San Isidoro* und das ehemalige *Kloster San Marcos,* indem heute ein staatliches Luxushotel (Parador) untergebracht ist – das alles schauen wir uns an. Es ist beeindruckend.

Das Thermometer zeigt nun *32 Grad Celsius* an, dennoch ist die Hitze gut zu ertragen. Viele Menschen sind auf den Beinen, fast nur Spanier mit ihren Familien. Es gibt Straßen-Cafes und Eisdielen „en masse"!

Da wir erst ab 17:00 Uhr die Kathedrale besichtigen können, schauen wir uns die nähere Umgebung an. Was wir sehen, ist viel Altes. Es riecht nach Geschichten und nach Geschichte. Die Kathedrale ist nun geöffnet. Sie ist wunderschön, Gotik wohin man schaut. Und dann die bunten Glasfenster. 200 verschiedene sind es. Viele von Ihnen strahlen bei Einfall des Sonnenlichtes, andere dagegen bleiben grau und duster. Kurze Zeit später wissen wir den Grund dafür, denn wir haben bei einer Führung in deutscher Sprache aufgeschnappt, daß die dusteren Fenster noch nicht gereinigt sind. Die Reinigung der Fenster ist sehr aufwendig und teuer.

Vom vielen Laufen und Schauen bekommen wir allmählich Hunger. Dann finden wir in der

Altstadt einen schönen, kleinen Platz. Auf einer Seite sind Lokale und Restaurants, deren gedeckten Tische und Stühle regelrecht animieren, Platz zu nehmen.

Wir bestellen uns Spiegeleier mit Pommes, Salat und Schinken. Dazu eine Flasche Rotwein (Hauswein). Es schmeckt uns prima! Noch einen Anis con hielo hinterher, dann geht dieser Tag in *León* für uns dem Ende zu. Es ist schon spät und wir nehmen uns ein Taxi zum Hotel.

*„Buenas noches!"*

## Von León nach Villar de Mazarife

Wir haben beide gut geschlafen und stehen schon vor dem Frühstückssaal, bevor dieser öffnet. Es werden viele leckere Sachen angeboten, für jeden ist etwas dabei. Dazu gibt es Obst und kleine, süße Sachen. Mehr als essen kann man nicht. Wir genießen alles in Ruhe.

Es ist 08:10 Uhr. Wir stehen nun vor dem Hotel, bepackt wie zwei Lastesel. Alles ist noch ungewohnt. Der Rucksack hängt mir wie ein

Riesenklotz auf dem Rücken, und die beiden Stöcke finde ich als sehr lästig und auch irgendwie störend. Noch weiß ich nicht, wozu ich sie brauchen soll.

Gestern haben wir den Verlauf des Camino, der aus der Stadt hinausführt, schon einmal ausgekundschaftet, sodaß wir nun zielstrebig durch die noch menschenleeren Straßen von *León* gehen. Wir kommen zum ehemaligen Kloster *San Marcos*, an dem wir vorbeigehen und kurz danach überqueren den Fluss *Bernesga* über eine schöne alte Brücke. Danach gehen wir noch lange, immer den gelben Pfeilen und Jakobsmuscheln folgend, durch die Vororte von *León*, dann durch ein Industriegebiet und schließlich sind wir draußen.

Wir kommen in den Ort *La Virgen del Camino* und müssen ihn entlang einer langen Landstraße, mit höllisch viel Verkehr und Lärm, durchlaufen. Dieser Ort scheint nur aus dieser Straße und den beidseitigen Häuserfronten zu bestehen. Aber dann sehen wir daß es hier eine Pilgerherberge und eine große Kirche gibt. Und – am Ende des Ortes, auf der linken Seite, gibt es eine Cafe-Bar. Vor einem der Fenster dieser Bar steht eine schneeweiß gestrichene Bank, die mich einlädt hier kurz zu rasten. Heijo geht es genauso. Also rasten wir kurz, trinken was, und suchen die Toilette auf. Währenddessen ist ein Pilger, der sein Gepäck auf einem Gestell mit kleinen Rollen hinter sich herzieht, ebenfalls hier angekommen. Er trinkt seinen Cafe und raucht dabei genüsslich eine Zigarette. Wir grüßen kurz und verlassen dann diesen hässlichen Ort in Richtung *Villar de Mazarife*, unserem heutigen Etappenziel.

Der Jakobsweg führt nun über eine Piste. Das ist ein Naturweg, staubig und endlos lang. Links und rechts des Weges bereits abgeerntete Felder, hier und da ein Strauch oder ein paar Bäume, die sich gegenseitig Schatten geben. Das Gelände ist leicht hügelig. Die Sonne scheint erbarmungslos auf uns herab. Wir haben ca. 35 Grad und es ist noch nicht der Höchststand der Sonne!

Um 12:50 Uhr erreichen wir kaputt, verschwitzt und durstig den kleinen Ort *Chozas de Abajo*, es ist Kilometer 17 unserer heutigen Etappe.

Auf einer großzügig überdachten Terrasse einer Cafe-Bar gönnen wir uns eine mehr als einstündige Pause. Wir nehmen eine Menge Flüssigkeit zu uns und essen etwas. Danach ruhen wir uns nur aus – „das tut gut".

Inzwischen ist es 14:00 Uhr und wir beschließen aufzubrechen. Raus in die Hitze, die nun laut Thermometer schon 40 Grad beträgt. Damit hatten wir nicht gerechnet. Aber wir müssen durch. Nach 1 1/2 Stunden erreichen wir unser heutiges Etappenziel – *Villar de Mazarife*.

Wir halten Ausschau nach der Herberge, die uns Gisela empfohlen hat. Nach wenigen Häusern haben wir sie auf der rechten Seite entdeckt. Vor dem Haus ist eine Baustelle. Man hat heute wohl den Zugang von der Straße zum Haus hin neu gepflastert und eingeschlämmt. Über ein wackeliges Brett balancieren wir vorsichtig ins Haus hinein, das wie ein Scheunentor weit offen steht.

Nach kurzer Zeit kommt der *Hospitalero* und begrüßt uns sehr freundlich. Wir können hier übernachten und, wenn wir wollen, auch hier essen. Es gibt zu Abend eine *Paella Vegetal*. Wir buchen für 15 EURO eine Übernachtung mit Abendessen und Frühstück.

Bis zum Abendessen sind wir die einzigen Gäste hier. Der große Schlafraum verfügt über schätzungsweise 40 Betten, die zu je 2 Betten übereinander (wie früher in den Jugendherbergen) aufgestellt sind. Es ist viel Platz vorhanden. Zahlreiche Fenster sorgen für eine gute Belüftung. Steckdosen gibt es auch genügend, sodaß das Aufladen von Akkus kein Problem darstellt. Die Sanitäreinrichtungen sind sauber und verfügen über 4 Toiletten und 4 Duschkabinen, sowie 6 Waschbecken. Hinter dem Haus gibt es Wäscheleinen und im Untergeschoss steht ein internetfähiger PC, den man für 1 EURO je halbe Stunde benutzen kann. Ich habe von hier aus meine erste E-Mail nachhause geschickt.

Im Laufe des Abends werden wir zu Tisch ins Untergeschoss gebeten. Da wir immer noch die einzigen Gäste sind, ist der Essraum natürlich riesig groß und leer. Einer der vielen Tische ist für uns gedeckt. Es stehen 1 Flasche Rotwein und 1 große Flasche Wasser auf dem Tisch. Als Vorspeise gibt es gemischten Salat. Er ist knakkig, frisch und schmeckt hervorragend. Danach sind wir schon halbsatt. Dann kommt ein Helfer des *Hospitaleros* und bringt in einer schweren, schwarzen Gusspfanne das Hauptgericht, die vegetarische Paella. Er bedient uns am Tisch und deutet an, daß wir, wenn wir möchten, Nachschlag selber nehmen können.

Die *Paella* schmeckt wirklich gut. Aber wir können nicht so viel essen und lassen sogar noch etwas auf den Tellern liegen. Der Hauswein schmeckt fruchtig und ist schön temperiert. Nach dem Hauptgang bekommen wir noch Honigmelone als Nachtisch – lecker! Die Flasche Wein haben wir nicht geschafft! Unsere erste Nacht in einer Herberge des Caminos verläuft ruhig und in einem gewissen Luxus.

## Von Villar de Mazarife nach Astorga

Heute Morgen begeben wir uns wieder ins Untergeschoss, um zu frühstücken. Wieder ist für uns Beide eingedeckt. Es gibt Brot und Marmelade, sowie frisches, andalusiches Gebäck. Es ist so eine Art Schmalzgebäck glaube ich!? Dazu gibt es heiße Milch, heißen Kakao und Kaffee. Wir stochern herum und haben keinen großen Appetit.

Um 07:15 Uhr verlassen wir unser schönes, erstes Quartier auf dem Jakobsweg.

Der *Hospitalero* verabschiedet uns mit einem herzlichen *„Buen Camino!"* und mit einem kräftigen Händedruck. Er bittet uns förmlich, als erste Pilger den neuen gepflasterten Weg doch zu betreten, anstatt über den Rasen auf die Straße zu gehen. Wir kommen lachend seiner freundlichen und vielleicht auch symbolischen Aufforderung nach und winken zum Abschied noch einmal.

Noch schnell zum Briefkasten! Heijo hat Post für Uschi – und dann ab auf den Camino!

Die kühle Morgenluft tut gut und wir schreiten zügig voran – ja, wir fliegen förmlich. Die Landschaft hat sich verändert. Viele Maisfelder, mannshoch. Überall Bewässerungskanäle, es sieht hier sehr fruchtbar aus.

Wir treffen auf Pilger. Nicht viele, aber mal sind welche vor uns, mal kommen welche hinter uns. Wir alle haben das gleiche Ziel – *Santiago de Compostela*. Hoffentlich erreichen es auch alle, uns eingeschlossen!

Dann und wann blicken wir schon mal zurück, denn wir möchten gerne die Sonne

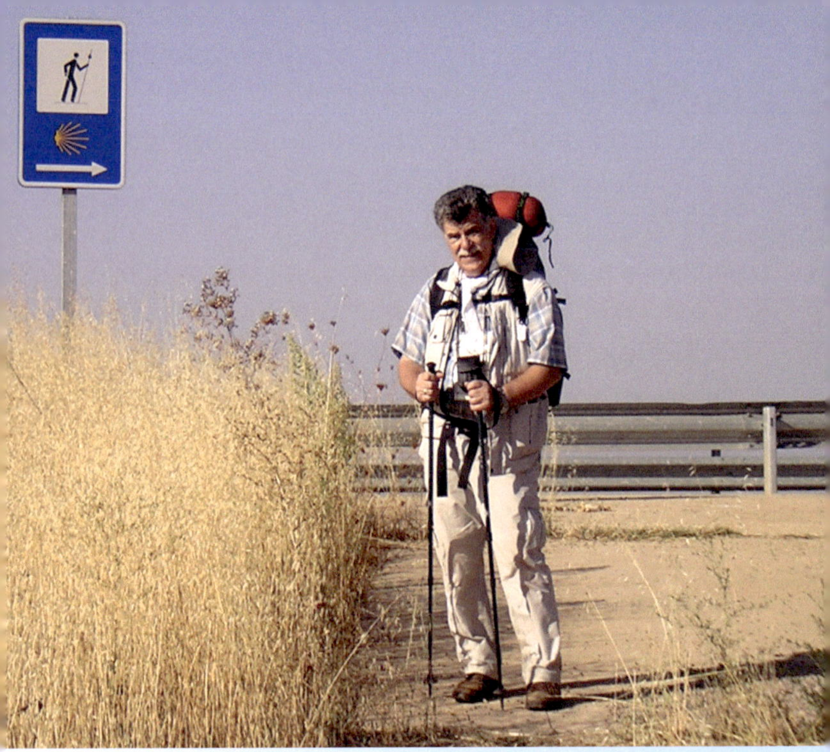

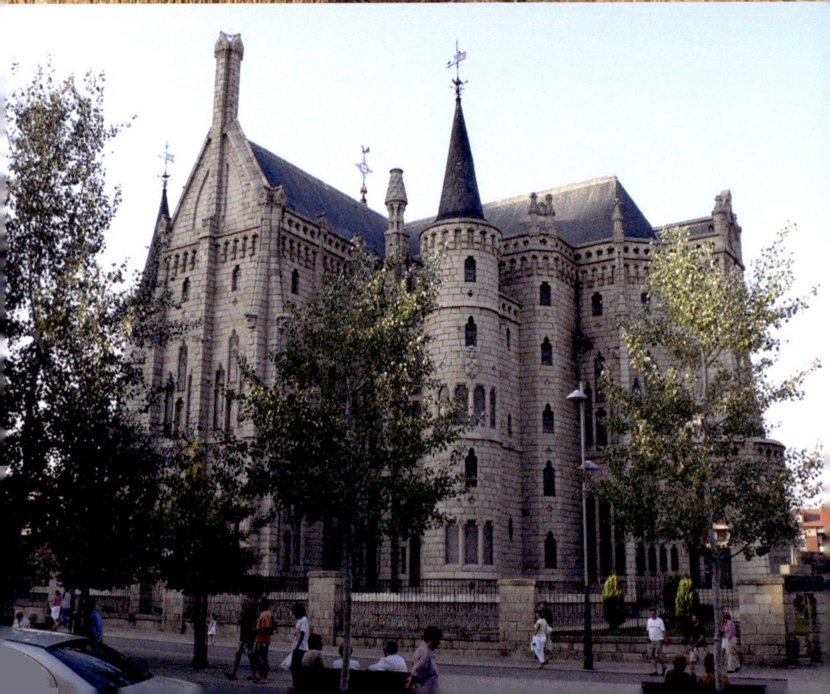

aufgehen sehen. Und heute haben wir Glück, denn es ist ein herrlicher Sonnenaufgang zu beobachten. Man kann fast nicht glauben, daß diese schöne Sonne in wenigen Stunden so gemein heiß zu uns sein wird.

Die Sonne steigt allmählich höher und höher. Sie wirft lange Schatten von unseren Körpern vor uns her. Es sieht komisch aus, da wir nach den Schatten zu urteilen Riesen sind. Es läuft sich prima!

10:45 Uhr, wir erreichen den Ort *Hospital de Orbigo* und machen direkt an der Hauptstraße, in einer Cafe-Bar, Rast. Es gibt hier ein wirklich leckeres *P'amb Oli mit Queso y Tomates* (Brot mit Käse und Tomaten). Etwas Kaltes zu trinken, und dann kann es wieder weiter gehen. Wir haben noch einige Kilometer vor uns, sodaß wir nicht lange ausruhen können.

Es ist jetzt 11:25 Uhr, und die Mittagshitze schlägt zu. Der heutige Tag scheint wie der gestrige zu werden, wir haben erneut 40 Grad!

Um 12:50 Uhr kommen wir in einen weiteren Ort an unserer Strecke zum Etappenziel, nämlich nach *Santibanez de Valdeiglesias*. Kilometer 21 ist erreicht.

Eine Frau weist auf die Kirche und gestikuliert wild herum. Sie will uns darauf aufmerksam machen, daß die Kirche geöffnet ist. Wir gehen also hinein. Ein kurzes Gebet, ein Gespräch mit einer älteren Frau, die in dieser Kirche eine hl. Messe vom mitgebrachten Kassettenrekorder hört. Sie dreht sich zu uns um, bemerkt daß wir *Peregrinos*, also Pilger sind, und bittet uns, sich in das ausliegende Besucherbuch einzutragen. Das tun wir sehr gerne. Sie freut sich sichtlich und wünscht uns alles Gute für unseren weiteren Pilgerweg auf dem Camino. Wir verabschieden uns von ihr und suchen nach einer Einkehrmöglichkeit um zu rasten.

Wir gehen bald weiter und erleben das bisher schlimmste Wegstück. Zum einen die große Hitze, dann noch den steinigen und holprigen Weg. Es gilt aufzupassen, daß man immer die Füße an die richtigen Stellen setzt, all zu schnell hat man sich den Fuß umgeknickt und kann evtl. dann nicht mehr weiterlaufen. Wir gehen häufig durch kleine Kuhlen und Kessel, in denen die Sonne stehen bleibt, dort ist es dann am heißesten. Unsere Pausenintervalle werden immer kürzer. Trinken ist jetzt oberstes Gebot.

Gegen 18:15 Uhr, viel später als geplant, sind wir nun endlich am Etappenziel, der alten Bischofsstadt *Astorga* angekommen. Als wir die Herberge betreten, glauben wir in einem alten Bauernhaus zu sein. Viel Fachwerk, viele mächtige, freiliegende Holzbalken und Mauerwerk. Etwas später erfahren wir, daß es sich hier um einen umgebauten 300 Jahre alten Palast handelt. Die Herberge ist bei unserem Eintreffen schon ziemlich belegt, aber wir bekommen unsere Plätze noch, und nur das zählt für uns nach so einem schlimmen Tag wie heute!

Schnell eine warme Dusche, umziehen und dann zu einer Info-Runde durch *Astorga*.

Aufgrund der knappen Zeit schauen wir uns nur den Bischofspalast von *Antoni Gaudí* an, der heute ein Museum beherbergt.

Die Kathedrale sehen wir leider nur von außen. Am Abend, wenn sie angestrahlt wird, sieht sie phantastisch aus!

Der Hunger überfällt uns dann schlagartig – ans Essen haben wir die letzten Stunden gar nicht gedacht. Wir finden in der Nähe des Bischofspalastes ein Restaurant, indem es leider keine deutsche Speisekarte gibt. Also versuche ich das zu bestellen, von dem ich weiß, was es in Mallorca für Speisen sein würden. Ich bestelle also für uns beide *Solomillo y patatas y ensalada mixta* (Schweinefilet mit Fritten und gemischter Salat). Ich bin ganz stolz und überzeugt, daß es schmecken wird. Dann kommt das Essen. Heijos *Solomillo* ist ein Hauch weniger als Medium. Ich sehe, wie er sich dreht und wendet. Wir rufen die Bedienung unseres Tisches herbei und bitten sie, das Fleisch mehr durchbraten zu lassen. Danach ist es für Heijo essbar. *Solomillo* ist in Mallorca schon anderes Fleisch. Hier waren es große Stücke mit teilweisem etwas hartem Rand. Mein Essen konnte ich nicht beanstanden, es hat mir geschmeckt.

Nach dem Essen und einem weiteren Bierchen gehen wir zurück in die Herberge, und versuchen eine große Mütze voll Schlaf zu bekommen. Es ist warm im Raum, obwohl Durchzug herrscht. Den Schlafsack kann ich nicht schließen, da ich sonst schmelze wie Butter in der Sonne. Also benutze ich den Schlafsack nur als Unterlage. Nachts werde ich immer wieder wach und bekomme dadurch nur das Nötigste an Schlaf.

## Von Astorga nach Rabanal del Camino

Es ist 05:45 Uhr. Ich tippe Heijo im Bett über mir leicht an. Wir verständigen uns leise, und beschließen vorzeitig aufzustehen. Dann frühstücken wir rasch und um 07:55 Uhr verlassen wir die Herberge, und kurz darauf die Stadt *Astorga*.

Draußen ist es noch dunkel und wir benötigen unsere Taschenlampen, um die gelben Pfeile und Pilgermuscheln zu finden, die uns den richtigen Weg zeigen. Wir sind nicht die einzigen, die schon beizeiten aufgebrochen sind. Uns treibt wohl alle der Gedanke an, das Etappenziel erreicht zu haben, bevor die Sonne wieder zuschlägt.

Die Morgenfrische lässt uns schnell vorankommen. Unser Stundenschnitt liegt sicherlich bei etwa 5km. Um 09:55 Uhr erreichen wir schon den Ort *El Ganso*, wo wir planmäßig unsere letzte Rast vor *Rabanal del Camino* halten

In der Cafe-Bar, die wir aufsuchen, ist es ziemlich laut. Die jungen spanischen Pilger sind in der Mehrzahl, dazwischen wir zwei *Alemanes* (Deutschen).

In einer phantastischen Zeit, nämlich um 12:55 Uhr, erreichen wir *Rabanal del Camino*. Auf Empfehlung von Gisela suchen wir das *Refugio Pilar*, es handelt sich um eine private Herberge, auf. Wir werden aufgenommen, und stellen fest, daß die junge Frau am Eingang des *Refugios* eine Schweizerin ist. Ab da können wir alles fragen und erfahren, da wir ja nun Deutsch miteinander sprechen können.

Die Herberge ist super! Ein schöner Innenhof mit vielen Sitzmöglichkeiten, eine lange Bartheke, die Möglichkeit etwas Warmes zu essen und zu trinken. Ja, sogar Massagen werden hier angeboten, um müde Pilger wieder fit zu machen. Für die Massagen ist die junge Schweizerin zuständig. Heijo beschließt, sich eine Massage zu gönnen. Ich warne ihn, da die Schweizerin sehr groß und athletisch ist. Das kann ganz schön wehtun. Aber Heijo hat sich entschieden. Wir flaxen noch eine Weile und wenden uns dann unseren Makkaroni zu, die wir vor einer Viertelstunde bestellt haben. Eine riesige Portion – wir schaffen sie nicht. Und das für 3,70 EURO!

Plötzlich kommt eine der Frauen, die hier im *Refugio* arbeiten, und stellt uns eine große

Schüssel mit frischen, gewaschenen Mirabellen hin. Wir sollen zugreifen, und tun das auch. Dann wandert die Schüssel zu den weiteren Gästen die ringsum sitzen.

Wir bezahlen unser Nudelgericht und die Getränke, und beschließen bis zu Heijos Massagetermin etwas zu schlafen. Währenddessen trocknet unsere Wäsche auf mehreren Ständern in der Sonne.

Vor einigen Minuten ist Heijo zur Massage gegangen. Bin sehr gespannt wie es war, falls er mir die volle Wahrheit sagt, was ich aber unter Pilgerbrüdern voraussetze.

Mein momentanes Standardgetränk ist *KAS Lemon* – eine Zitronenlimonade, mit stillem Wasser – erfrischend und lecker.

Ich sitze im Innenhof des *Refugios* und genieße den freien Nachmittag im Schatten. Hin und wieder weht ein leichter Wind durch den Hof. Inzwischen sind viele Fuß- und auch Radpilger hier eingetroffen.

Es ist 18:45 Uhr und Heijo kommt mit lokkerem Schritt von der Massage zurück. Er berichtet unaufgefordert von einer superguten Behandlung – mehr nicht!

## Von Rabanal del Camino nach Ponferrada

Heute sind wir früh dran. Es ist 05:55 Uhr und wir verlassen *Rabanal del Camino*. Wir müssen mit unseren Taschenlampen die Zeichen des Jakobweges suchen, da es noch sehr, sehr dunkel ist. Dabei steigen wir ständig auf, was aber bei der angenehmen Morgentemperatur nicht tragisch ist.

Nach 2 Stunden erreichen wir das viel erwähnte *Cruz de Ferro* (Eisenkreuz). Es steht auf einer Passhöhe von 1504m. Am Fuß dieses Kreuzes legen wir unsere Steine nieder, die wir von zuhause mitgebracht haben. Dies ist eine tausendjährige Pilgertradition. Wir machen ein paar schöne Fotos vom Kreuz und mit dem Kreuz, während die Sonne aufgeht.

Dann geht's weiter. Es wird immer wärmer und irgendwann wieder richtig heiß. Wir laufen weite Strecken über Hügel, bergauf und bergab. Dazwischen liegen teils steile Passagen mit vielen Steinknubbeln. Man muss sehr aufpassen!

Die Abstiegspassagen sind Gift für mein linkes Knie und meinen verpflasterten linken Fußballen.

Nach einer, wie ich es empfunden habe, stressigen Tour erreichen wir endlich um 16:10 Uhr die Stadt *Ponferrada*. Wir sind ziemlich geschafft. Wenn man in die Gesichter der anderen Pilger schaut, dann geht es denen wohl ähnlich!

Bei der Aufnahme in die Herberge werden wir von einer deutschsprachigen Frau mit einem kleinen Willkommenstrunk aus kaltem Tee und Fruchtsaft begrüßt. Das tut uns gut!

Duschen, das Bett für die Nacht vorbereiten, Wäsche waschen und dann kommt der große Hunger. In der Herberge gibt es nichts zu essen, also gehen wir in die Stadt hinein. Wir fragen eine junge Frau, wo denn der nächste Laden sei, sie schüttelt bedauernd mit den Schultern und stammelt was von Festa oder Fiesta. Mir ist blitzartig klar, sie meint wegen eines heutigen regionalen Feiertages sind alle Geschäfte geschlossen! Pech gehabt. Ist also nichts mit der geplanten Selbstverpflegung.

Wir geben aber nicht auf und suchen weiter nach einer Möglichkeit, noch was zwischen die Zähne zu bekommen.

Wir landen in einer Pizzeria und bestellen beide eine Pizza. Die Pizzas sind gut. Heijo gibt mir seine Oliven, nachdem er sie versucht hat. Die kleinen, gebogenen, rosafarbenen und raupenähnlichen Gebilde wandern ebenfalls auf meinen Teller. Es sind leckere Shrimps!

Noch ein Bierchen und dann beschließen wir den heutigen Tag. Wir gehen in die Herberge zurück.

**Übrigens:** *Ponferrada* ist sehr bekannt durch die gut erhaltene und sehr große Templerburg. Sie wird zurzeit massiv restauriert. Die Burg sollte zur damaligen Zeit (13./14. Jahrhundert) die Pilger schützen. Die Stadt hat heute 60.000 Einwohner.

## Von Ponferrada nach Villafranca del Bierzo

Die Herberge in *Ponferrada* verlassen wir um 06:20 Uhr. Wir gehen durch eine noch dunkle Stadt. Keine Menschenseele auf den Straßen, die Leute schlafen sicher noch alle nach dem gestrigen Fest.

Der Weg ist anfangs gut ausgeschildert, dann aber finden wir plötzlich keinen Hinweis mehr auf den Jakobsweg. Keine gelben Pfeile, keine „blau-gelben" Muscheln mehr. Wir sehen aber daß sich im Bürgersteig regelmäßig Platten mit der Jakobsmuschel befinden, und folgen ihnen in der Annahme, daß sie uns sicher aus der Stadt hinausführen. Bald stellen wir fest, daß hier was nicht stimmen kann. Wir gehen in die Richtung zurück, aus der wir gekommen sind, und finden schließlich den Grund für unser Problem.

Wir haben einen wirklich winzigen Pfeil an einem Schilderpfahl übersehen, was bei Dunkelheit natürlich besonders schnell passieren kann. Wir atmen auf und finden ab jetzt auch wieder die vertrauten Markierungen „gelbe Pfeile" und „blau-gelbe Jakobsmuscheln"!

Wir müssen viele Haken schlagen, Straßen überqueren und Vororte durchlaufen, dann endlich, nach etwas 1 1/2 Stunden sind wir raus aus der Stadt.

Heute ist es lange nicht so heiß, wie in den letzten Tagen. Wir haben jetzt, um 09:30 Uhr, noch angenehme 20 Grad. Uns soll es recht sein. Der Weg führt heute durch den Bierzo, ein Weinanbaugebiet. Lange Zeit gehen wir durch Weinfelder. Anders als in unseren Weinbergen schauen hier die Rebstöcke kurz über der Erde heraus. Sie sehen aus wie Sträucher und sind etwa ein Meter hoch.

Die Sträucher hängen voll von prallen, blauen Trauben, die die Erntehelfer mit einer speziellen Schere abschneiden und in Plastikkörbe legen.

Nach vielen Bergauf- und Bergabpassagen, und leider auch wieder mit starker Sonne, erreichen wir *Villafranca del Bierzo*.

*Villafranca del Bierzo* wird auch „das kleine Compostela" genannt, weil den Pilgern, wenn sie auf dem Jakobsweg erkrankt waren, hier schon der Ablass von den Sünden gewährt wurde.

Die Pilgerherberge *Ave Fenix* liegt am Ortseingang, unmittelbar neben der Santiago-Kirche.

Diese Kirche ist eine ehemalige Ablasskirche der Pilger. In der Herberge, die mich ein wenig an eine Almhütte erinnert, empfängt uns ein „Original" von *Hospitalero.* Ich glaube, er spricht von allen Sprachen etwas, aber keinen kompletten Satz, einer dieser Sprachen. Wir sind an der Reihe. Für 6,00 EURO können wir diese Nacht hier bleiben. Die Herberge hat eigentlich alles an sanitären Einrichtungen, diese sind aber so primitiv, schmutzig und heruntergekommen, daß man sich scheut sie zu benutzen. Im Laufe des späten Nachmittags und am Abend kommen immer noch Pilger. Es wird eng in den Schlafräumen. Heijo und ich haben heute zwei nebeneinander stehende Liegen. Die Luft ist dünn und stickig. Dennoch versuchen wir, nach Duschen und Wäsche waschen, noch etwas auszuruhen, bevor wir zum Essen in die „City" gehen. Es gelingt uns sogar!

Nach einer Stunde raffen wir uns auf und besichtigen die Santiago-Kirche nebenan. Sie ist innen ganz schlicht. Plötzlich spricht uns ein junger Mann an, der in dieser Kirche so eine Art Aufsicht führt, und den Stempel in die Pilgerpässe drückt.

Es ist für uns eine interessante Begegnung! Er spricht sehr gutes Deutsch! Wir kommen miteinander ins Gespräch und erfahren, daß er neun Jahre als Kind in Deutschland gelebt hat. Seine Eltern haben fast 40 Jahre in Deutschland verbracht. Der junge Mann ist sehr belesen. Ihm sind Preußen, Österreich, Bismarck und vieles mehr ein Begriff. Leider hat er keine feste Arbeit. Der Dienst hier in der Santiago-Kirche ist nur ein Job für drei Monate. Er wünscht sich eine ordentliche, feste Arbeit, damit er sparen kann für eine kleine aber eigene Wohnung und er möchte eine Familie haben. Wir wünschen ihm, daß sich diese Wünsche bald für ihn erfüllen mögen. Er findet an uns Deutschen besonders die Tugenden wie Ordnung, Sauberkeit, Zuverlässigkeit gut. (Das habe ich heute Morgen von einer sehr jungen Frau schon einmal gehört!)

Wir verabschieden uns von ihm, und ich sage noch: „Wenn Sie mal in Düsseldorf sind, und wir sehen uns zufällig dort, dann lade ich Sie zu einem deutschen Kaffee ein!" Darauf erwiderte er: „Auf ein Bier bitte, das beste Bier in Deutschland ist „Alt", glaube ich!" Nun wollen wir aber noch was essen. An einer mittelgroßen Plaza gibt es mehrere Lokale. Wir entscheiden uns für ein Restaurant und bestellen das Tagesmenü zu 10 EURO. Es schmeckt lecker und es ist reichlich.

Plötzlich fängt es an zu donnern und zu blitzen, und der Himmel öffnet seine Schleusen. Es gießt vom Himmel hoch. Im Nu sammelt sich viel Wasser auf der Plaza. Beim ersten Donnern haben wir uns vorsorglich in den überdachten Bereich, direkt an die Hauswand des Restaurants gesetzt. Wir werden hier nicht nass und warten geduldig, bis es mit Regnen aufhört. Dann suchen wir die Pilgerherberge auf und hoffen, daß es morgen früh trocken ist.

## Von Villafranca del Bierzo nach Vega de Valcarce

Gestern haben wir beschlossen, die ursprünglich geplante Etappe von ca. 30km in zwei kleine Etappen aufzuteilen. Wir müssen uns nichts beweisen, wir möchten gesund in *Santiago* ankommen. Unser geändertes Tagesziel heißt nun *Vega de Valcarce*!

Um 07:55 Uhr brechen wir auf. Meist laufen wir auf einer alten Landstraße, oder aber neben der neuen Landstraße. Diese neue Landstraße verfügt über eine etwa 80cm hohe Betonsteinmauer, die den Fahrweg vom Rad-/Fußweg trennt. Man fühlt sich dadurch viel sicherer. Laut vielen Berichten im Internet, sind vor einigen Jahren hier noch die Laster hautnah an den Pilgern vorbeigerast!

Es läuft sich heute Morgen sehr gut, sodaß wir schon um 14:00 Uhr in der Gemeinde-Herberge ankommen. Die Herberge ist schlicht, sauber und geräumig. Vor uns sind schon 2 Pilger im Haus, die uns freundlich begrüßen. Es ist ein spanisch sprechendes Paar mittleren Alters. Sie eine zierliche kleine Spanierin und er ein recht großer Mann. Wir sind uns unterwegs immer wieder mal begegnet. Sie war in einer der letzten Herbergen so schlimm von Wanzen zerbissen worden. Deswegen musste sie sogar ein Hospital aufsuchen und wurde mit Spritzen behandelt. Die Beiden erklären uns das Nötigste, da kein *Hospitalero* (Herbergsvater) oder *Hospitalera* (Herbergsmutter) in der Herberge ist. Wir suchen uns die Schlafstellen aus und legen unsere

Schlafsäcke auf die Betten. Das ist das allseits auf dem Camino bekannte Zeichen: „Hier ist besetzt!".

Dann das übliche Ritual: Duschen, Wäsche versorgen, Ausruhen, etwas essen … .

Nach und nach kommen weitere Pilger in unsere Herberge. Viele von ihnen sind junge Leute. Nun hören wir schon einmal öfters unsere Muttersprache, was uns freut und hier und da zu kleinen Gesprächen führt.

Am Abend, die Sonne verliert langsam an Kraft, aber es ist immer noch schön warm vor der Herberge, bilden sich zwei kleine Grüppchen. Eine deutsche und eine spanische Gruppe. Bei Rotwein, Dosenbier und nicht immer geistreicher Unterhaltung wird es dann schnell 22:00 Uhr.

Die meisten Pilger liegen bereits im Bett. Daher muss alles leise und ohne große Beleuchtung vonstatten gehen. Aber darin haben wir, nach nun schon sechs Pilgertagen, inzwischen Übung.

Ich kann schlecht einschlafen und achte auf die Geräusche ringsum. Heijo meint zwar ich würde oftmals sehr schnell einschlafen. Na ja, vielleicht empfinde ich das einfach anders. Unsere Körper holen sich schon die notwendigen Schlafeinheiten, davon bin ich überzeugt!

## Von Vega de Valcarce nach O Cebreiro

Es ist Sonntagmorgen. Heute bleiben wir bewusst etwas länger liegen als sonst, da wir nur den 2. Teil der gesplitteten Etappe vor uns haben. Die sollten wir in ca. 4–5 Stunden zurückgelegt haben.

Als wir um 07:20 Uhr aufbrechen sind die meisten Pilger schon auf dem Camino unterwegs.

Die Strecke hat es in sich, nach kurzer Zeit geht es wieder ordentlich nach oben. Die Steigung ist anhaltend, Kilometer für Kilometer. Es wird immer steiler, und ich muss häufiger mal anhalten und verschnaufen. Der Puls hämmert in den Schläfen. Heijo scheint das nichts auszumachen, vielleicht machen das ja die fast 9 Jahre Altersunterschied aus!? Wir kommen voran, auch wenn es heute langsamer geht als sonst. Die Gegend, die wir jetzt

durchwandern, ist landschaftlich sehr schön. Es gibt eine üppige Vegetation und alles ist herrlich grün. Die Dörfer, die wir durchlaufen, oder manchmal auch nur berühren, sehen alt und teilweise arg zerfallen aus. Dann treffen wir auf ein Dorf, das bemerkenswert sauber aussieht. Die Häuser sind hier gepflegt und gestrichen. Derartige Unterschiede sind auffällig.

Allmählich gesellt sich unsere alte Weggefährtin, die Sonne, dazu. Wir schwitzen kräftig bei dem schwierigen Aufstieg. Dann kommt uns urplötzlich eine Schafherde mitsamt Schäfer und Hunden entgegen. Wir treten an den Wegrand und lassen sie vorbei. Sie ziehen, eine große gelbbraune Staubwolke hinter sich lassend, friedlich an uns vorbei. Ich empfinde es als eine schöne Abwechslung auf unserem Pilgerweg.

Es ist 11:40 Uhr, ich glaube, wir haben das Gröbste hinter uns. Vor uns, auf der rechten Seite sehen wir ein Steinmonument und einige Pilger drum herum, die Fotos machen. Wir kommen näher, und sehen, daß es *Carlos* mit seinen Begleitern ist. Das steinerne Monument ist der Grenzstein, der die Provinzen *Kastilien/León* von *Galicien* trennt.

Auch wir lassen uns von unseren spanischen Mitpilgern ablichten.

Übrigens *Carlos*! Wer ist *Carlos*? *Carlos* ist ein sehr netter Spanier aus der Gegend von *Madrid*. Jedes Mal finden wir miteinander Zeit einen kleinen Plausch zu halten. Er spricht ein paar Brocken Deutsch, wir ein paar Brocken Spanisch – und wo nichts mehr geht, müssen Hände, Füße und Gesten weiterhelfen. Wir kommen klar. Eigentlich geht er alleine auf dem Camino, inzwischen haben sich aber 3 junge Leute hinzugesellt. Seitdem sehen wir die Vier immer wieder. Sein Sohn arbeitet übrigens in Stuttgart, wenn ich es richtig verstanden habe.

Nun haben wir es nicht mehr weit, wir können, immer noch leicht ansteigend, schon einzelne Gebäude von *O Cebreiro* erkennen.

Am Ortseingang können wir ahnen, daß hier ein Fest oder ein Markt stattfinden muss. Überall Verkaufsstände, Fressbuden, Obststände usw. Wir möchten gerne in die Kirche hinein aber das geht nicht. Vor dem Eingang steht eine Schlange von Menschen. Also beschließen wir den Kirchenbesuch auf später zu verschieben, und uns erst um ein Nachtquartier zu kümmern.

Die Pilgerherberge, die laut unserem Outdoor-Führer gut sein soll, ist belegt. Die Gemeinde-herberge ist nicht empfehlenswert, so suchen wir uns ein *Hostal* (Pension).

Wir kommen im *Hostal Anton* unter. Unser Doppelzimmer mit Dusche und WC kostet 37,00 EURO. Das halten wir für akzeptabel! Man kann sich sicher vorstellen, wie wir unsere heutige Bleibe genießen! Mehr als einmal sagen wir uns gegenseitig: „Ist das toll?".

Es ist später Nachmittag. Der Hunger treibt uns aus dem Zimmer. Wir suchen ein sehr großes Zelt auf, indem man an langen Biertischen und Bänken essen und trinken kann. Das Zelt ist rappelvoll. Mit gemischten Gefühlen sehen wir zu, wie Tintenfische aus einem großen Kochkessel herausgehoben werden, die eine stämmige Frau dann vor sich auf einem dicken Brett „Schnipp-Schnapp" mit der Schere in kleine Stücke schneidet, so wie bei uns eine Currywurst. Später erfahren wir, daß der Tintenfisch, in Spanien *Pulpo* genannt, in Galicien ein traditionelles Festessen ist. Die Stückchen werden dann auf runden Holzbrettchen mit einer Sauce und Holzpickern serviert. Wir lassen das, es ist uns zu fremd! Stattdessen entscheiden wir uns für Rippchen und Schinken, dazu eine Flasche Hauswein.

Die Portionen sind riesig, mein Schinken sehr salzig. Wir brauchen jetzt einen Nachtisch. Also verlassen wir das Zelt wieder und schauen uns die anderen Buden und Stände entlang der Dorfstraße an. „Halt!", rufe ich zu Heijo, der schon voraus gegangen ist: „Hier gibt es etwas Süßes!" Wir kaufen uns jeder ein Teilchen und essen es auf der Faust.

Am Abend wird es in *O Cebreiro* sehr kühl. Wir befinden uns immerhin auf einer Höhe von 1.293m. Die Sonne hat nun keine Kraft mehr und verschönert lediglich noch den ausklingenden Tag mit ihrem grandiosen Sonnenuntergang. Welch eine Farbenvielfalt?

Übrigens haben wir die anfänglichen 35–40 Grad schon seit Tagen nicht mehr – Gott sei Dank, aber es ist immer noch sehr warm.

In der Bar nebenan trinken wir noch ein Bierchen. Das macht Appetit. So bestellen wir eine Platte mit dem leckeren spanischen Schinken und Käse. Dazu dann noch ein weiteres Bierchen. Aber nicht das jemand meint, wir würden uns nur den Bauch voll schlagen. Weit gefehlt, denn wir schreiben fleißig eine Glückwunschkarte an Oma Käthe, die ja am 17. September mit mir Geburtstag hat. Sie soll pünktlich ankommen, daher schreiben wir sie schon heute.

Satt, zufrieden und in der Gewissheit, daß wir heute sicher ein gutes Bett und eine ruhige Nacht haben werden, brechen wir zu unserem *Hostal Anton* auf.

## Von O Cebreiro nach Triacastela

Es war eine unruhige Nacht, unsere Erwartungen von gestern Abend haben sich leider nicht erfüllt! Das gestern schon angedeutete Fest wurde bis lange in die Nacht fortgesetzt. Aus den umliegenden Kneipen schwappte ständig Lärm zu uns herüber.

Um 07:00 Uhr brechen wir auf. Unser heutiges Etappenziel heißt *Triacastela*, mit 1.000 Einwohnern eher ein kleines Örtchen.

Heute Morgen ist es bitterkalt. Das „Langärmelige" liegt tief unten im Rucksack, und wir gehen mit kurzen Ärmeln los. *Alemanes* sind eben härter als andere Europäer – nehmen wir an. Wir kommen sehr gut voran. Erst geht es immer abwärts. Nach dem Outdoor-Führer sollen wir heute ca. 700 Höhenmeter hinuntersteigen.

Ab jetzt pilgern wir durch Galicien. Hier wird Dudelsack gespielt und noch an Hexen geglaubt. Das Land ist sehr bergig und grün, da es hier häufig regnet. Die vorwiegend ländliche Bevölkerung ist arm. Es gibt viele Streusiedlungen und seltener Dörfer oder Städte in den Bergen. Die Viehzucht scheint der einzige Erwerb für die Bewohner hier zu sein. Überall Kuhfladen auf den Wegen!

Irgendwo, in einer solchen Streusiedlung, steht plötzlich eine Bauersfrau vor uns. In einer Hand hält sie einen Teller mit selbstgebackenen Eierpfannkuchen. Das ganze sauber mit einem blauen Küchentuch abgedeckt. In der anderen Hand hält sie ein Schraubglas mit einem durchlöcherten Blechdeckel, das Zucker enthält. Ich nehme mir einen Pfannkuchen vom Teller, sie streut mir Zucker darüber und ich gebe ihr einen Euro dafür. Ich bin überzeugt, daß dieser Euro bestens angelegt ist. Der Eierpfannkuchen schmeckt vorzüglich!

Unterwegs sehen wir viele Hunde, die vor oder in den Hofeinfahrten liegen und dösen. Einige laufen frei herum, ohne uns jedoch zu belästigen oder gar anzukläffen. Ganz anders, als es in manchen Beiträgen zu lesen war.

Um 12:30 Uhr erreichen wir das heutige Etappenziel – *Triacaſtela*. Wir sind überrascht, daß es heute so schnell ging.

Auch heute folgen wir wieder gerne der Empfehlung von Gisela. Wir gehen direkt zu der privaten Pilgerherberge *Aitzenea* und werden deutschsprachig empfangen.

Laut Outdoor soll diese Herberge sehr kommerziell geführt werden.

Es stimmt, aber dafür ist es auch eine der „guten Herbergen". Waschmaschine und Trockner nutzen wir gerne. Die ewige Handwäsche lassen wir heute mal die Maschinen machen. Daß es hier auch eine Internet-Möglichkeit gibt, finde ich außerdem prima. Ich nutze sie und schreibe eine Mail nachhause.

Als wir vom Essen zurückkommen, ist unsere Wäsche fertig. Der *Hospitalero* hat sich persönlich um alles gekümmert! Waschen und Trocknen kosten 6,00 EURO,

Um 17:00 Uhr öffnen wieder die *Supermerca-dos* (Supermärkte). Wir kaufen das Nötigste ein und erholen uns in einer Cafe-Bar bei Anis mit Eis und *Veterano*, beides „hochgeistige" Geträn-ke. Allmählich passen wir uns den spanischen Trinkgewohnheiten an!

Noch schnell eine Stunde aufs Ohr legen, und dann ist es Zeit zuhause anzurufen.

Leider wird aber nichts daraus sich hinzu-legen. Als wir vom Einkaufen in die Herberge zurückkommen, sehe ich den schon erwähnten Internet-PC in der Ecke stehen. Er ist gerade frei und ich setze mich davor.

Sigrid (eine gute Bekannte und Freundin) hat eine E-Mail geschickt und ich antworte ihr. Dann noch eine Mail an Helga und „wupp" ist die halbe Stunde Internetzeit vorbei. Der Her-bergsvater kassiert mal eben 1,50 EURO, aber das ist in Ordnung.

Heijo hat währenddessen Konversation mit einer Studentin gepflegt, der ein Bett in unserem 6-Bett-Zimmer zugewiesen wurde. Ich komme hinzu, und sie stellt sich als Katharina vor. Sie ist mit dem Fahrrad auf dem Jakobsweg unterwegs. Da sie ein halbes Jahr auf den Kanaren gelebt hat, sind ihre Spanisch-Kenntnisse gut.

Gemeinsam gehen wir gegen 20:30 Uhr noch in eine Bar, um einen „Schlummertrunk" zu nehmen. Dabei erzählt jeder etwas von sich und seinen bisherigen Erfahrungen auf dem Camino. Man interessiert sich halt für einander und tauscht Erfahrungen aus.

Diese Nacht verläuft wieder sehr unruhig. Es ist warm und stickig im Raum. Jemand hat wohl in der Nacht das einzige Fenster im Raum geschlossen.

## Von Triacastela nach Sarria

Nach verschiedenen Schlaf- und Wachperioden werde ich um 06:45 Uhr wach. Es ist schon recht spät. Alle schlafen noch. Bewaffnet mit meinem Waschzeug und diversen Kleidungsstücken schleiche ich aus dem Zimmer. Als ich zurück komme ist Licht im Zimmer und alle sind mit dem Zusammenrollen ihrer Schlafsäcke oder dem Packen der Rucksäcke beschäftigt.

Die Uhr zeigt 07:40 Uhr an, Heijo und ich brechen mit einem „*Buen Camino und Adios*" auf. Dadurch, daß wir heute spät dran sind, haben wir den Vorteil, daß es schon ziemlich hell ist. Das heißt, wir sehen die gelben Pfeile und die bunten Jakobsmuscheln in den Betonstelen besser.

Wir gehen über *San Xil*. Die Wegstrecke ist sehr schön. Manchmal denkt man, die Zeit sei stehen geblieben. Diese alten Steinhäuser, man sieht selten Menschen, es riecht überall nach Kuhdung. Kein Autolärm, keine Flugzeuge, keine laute Musik!

Unterwegs gibt es wieder so gut wie keine Einkehrmöglichkeiten, wieso auch, wenn es keine richtigen Dörfer gibt, stattdessen nur verstreut liegende Gehöfte!? Hier ist es ganz anders als in der Provinz Kastilien und *León*.

In *Furela*, bei Kilometer 11.4 der heutigen Etappe, finden wir endlich eine Cafe-Bar, dazu noch eine besonders schöne. Die Betreiber sind sehr freundlich! Drei Stunden sind seit unserem Aufbruch in *Triacastela* vergangen, und nun frühstücken wir erst! Wir lassen es uns schmekken, während immer mehr Pilger hier einkehren.

Der Barmann bereitet für einen der Gäste einen *Cafe con leche* zu, wie ich es noch nie gesehen habe.

Das heißt, er zelebriert die Zubereitung regelrecht. Erst schüttet er den heißen und pechschwarzen Kaffee bis zu einem Drittel in ein Glas, dann nimmt er die heiße, aufgeschäumte Milch und gießt sie ganz langsam auf den Kaffee, damit sie nicht mit diesem verläuft, sondern als eine zweite Schicht im Glas über dem Kaffee liegt. Dann kommt der Clou. Der Meister nimmt nun das Milchgefäß und löffelt ganz vorsichtig den Schaum, der sich am Rand gebildet hat auf, und lässt ihn dann wie kleine Flocken auf die Milch und Kaffee Komposition tropfen. Dabei macht er das so kunstvoll und vorsichtig, daß das Muster noch längere Zeit auf der Flüssigkeit stehen bleibt. Ein wahrer Künstler! Nachdem ich das gesehen habe, musste ich natürlich auch einen solch toll zubereiteten *Cafe con leche* probieren. Es war ein Genuss – für den Gaumen und auch für das Auge, das kann ich Euch sagen. Noch eins, er ließ sich bei dieser Zubereitung auch nicht stören, die übrigen Gäste mussten halt warten.

Wahrscheinlich hatte es ihm eine Pilgerin besonders angetan, denn auf deren *Cafe con leche* zauberte er mit dem Milchschaum sogar zwei weiße Herzen. Nach einer guten Stunde Aufenthalt verabschieden wir uns von den Leuten in der schönen Bar.

Den Ortsanfang von *Sarria* erreichen wir gegen 13:30 Uhr. Bis zur Wunschherberge sind aber noch ein paar Schikanen eingebaut. Wir müssen noch eine Weile gehen und zum Schluss auch noch steile Treppen hochsteigen. Damit haben wir nicht gerechnet. Um 14:00 Uhr stehen wir in der Pilgerherberge. Es gibt noch freie Betten und wir können uns das Mehrbettzimmer aussuchen.

Diese Herberge ist sehr bekannt und wird empfohlen. Es gibt auch hier wieder einen Internet-PC. Mal schauen, ob ich heute dazu komme meine E-Mails zu sichten und evtl. eine nach Hause zu senden.

Heute Nachmittag waren wir mal im Zentrum des Dorfes. Es hat nichts, was uns gefallen könnte. Der Ort ist trist und grau. Nach dieser Erkenntnis gehen wir schnell wieder in unsere Herberge zurück. Wir legen uns aufs Ohr.

Anderthalb Stunden haben wir fest geschlafen, das tat richtig gut. Nun sind wir voller Tatendrang und auch ein gewisses Hungergefühl stellt sich ein. Also gehen wir ein paar Häuser weiter, und finden eine Möglichkeit zu Abend zu essen. Was bestellen wir? Das *Menu del dia* (Tagesmenü). Bevor unser Essen kommt muss ich noch schnell meine neueste Errungenschaft beschreiben. Habe mir eben ein paar ultraleichte Sandalen gekauft. Mit den „Zehenspreitzern" von *Günter May*, einem guten Bekannten, der im Mai auch auf dem Camino unterwegs war, kam ich von Anfang an nicht zurecht. Ehe ich meine großen Zehe und den daneben liegenden „eingefädelt" hatte, war Heijo schon geduscht. Morgens und abends war ich immer im Nachteil. Jetzt ist damit aber Schluss. Ab heute Abend bin ich mindestens genauso schnell wie Heijo!

Eben wurde eine Flasche Rotwein gebracht. Das erste Glas trinken wir auf uns, da wir schon mehr als 200km auf dem Jakobsweg zurückgelegt haben! Bisher ist alles gut gelaufen, wir hatten keine nennenswerten Probleme und es gab auch keine gesundheitlichen Tiefschläge, wir sind dankbar und zufrieden dafür!

## *Von Sarria nach Portomarin*

Nach einer ruhigen Nacht – wir Zwei waren allein in dem großen Herbergsraum – brechen wir um 07:15 Uhr auf.

Es herrscht noch Halbdunkel, und man muss gut aufpassen, daß man die gelben Pfeile nicht übersieht, sonst irrt man umher. Vor uns sehen wir weitere Pilger, die auch schon unterwegs sind.

Erst steigen wir hinunter, gehen über eine kleine und sehr alte Steinbrücke, um danach wieder ständig bergauf zu gehen. Am frühen Morgen schon eine solche Steigung – das ist ganz schön gemein!

Heijo ist beim Anstieg immer etwa zehn Meter voraus, ich stapfe langsam und gleichmäßig hinterher. Jeder von uns hat seinen eigenen Schritt- und auch Atemrhythmus. Wir kommen ganz gut klar mit dieser Gehweise, und meistern so alle Hügel und Pässe.

Auch heute führt der Camino durch eine grüne, aber fast menschenleere Landschaft. Die Menschen müssen hier sicher sehr schwer arbeiten. Viehzucht scheint der Haupterwerb zu sein,

wie wir auf Grund der Gehöfte und der großen Ställe vermuten.

Nach 13 Kilometern kehren wir in eine sehr schöne Cafe-Bar ein, die auch als private Herberge betrieben wird. Vor der Bar, wie auch drinnen, sind schon viele Pilger. Der Raum ist eng und die wenigen Tische sind besetzt. Als ein Tisch frei wird, nehmen wir daran Platz und bestellen uns ein *Bocadillo* mit Schinken, Käse und Tomaten. Wir hatten heute, wie schon an den meisten Tagen vorher, erneut kein Frühstück. Wir sind hungrig und das *Bocadillo* schmeckt uns wirklich gut. Nach einer längeren Rast brechen wir auf. Noch 10km liegen heute vor uns.

Es ist kalt auf den Höhen. Am Morgen waren es nur 15 Grad und nun, um 11:00 Uhr, sind es gerade 20 Grad. Das ist natürlich Top-Wetter zum Pilgern, aber wir wundern uns eben über den krassen Temperaturunterschied der letzten Tage!

Unterwegs kommen wir an einem Parkplatz vorbei. Hier steht ein großer Reisebus aus Belgien. Auf der linken Seite des Busses stehen die Türen offen, sodaß wir viele bunte Gepäckstücke sehen können. Rechts vom Bus sehen wir

Bierzeltgarnituren, die mit *Bocadillos*, Obst und Getränken bestückt sind. Einige Frauen und Männer haben hier eine Brotzeit organisiert, das wird uns klar.

Sehr wahrscheinlich handelt es sich um eine organisierte Pilgerschaft aus Belgien, die tagsüber kleine Etappen zurücklegt, und unterwegs aus dem Bus verpflegt wird. Wir grüßen und gehen weiter.

Um 13:45 Uhr gehen wir bergab, auf *Portomarin*, unser heutiges Etappenziel zu. Das umgesiedelte Dorf liegt nach kurzer Zeit vor uns, an einem Hang. Wir sehen den Stausee und überqueren eine lange und sehr hohe Eisenbrücke. Während wir über die Brücke gehen, sehen

wir im Wasser viele Reste von Häusern, die her-
ausschauen, weil der Wasserstand im Augenblick
recht niedrig ist. Das sind die Reste des alten Ortes, der in den 60er Jahren im Wasser des Stau-
sees versank.

Wir suchen eine Herberge und stapfen schwer
und müde unter der Last unserer Rucksäcke,
eine steile Treppe hoch. Oben angekommen,
befinden wir uns nun im neuen Ort *Portomarin*. Zielstrebig steuern wir die private Herberge
*Mirardor* an. Erst lassen wir uns die Herberge
zeigen und mieten dann für 8,00 EURO unsere
heutige Unterkunft.

Die Herberge ist in Ordnung. Unser Zimmer
hat nur sechs Schlafstellen – das ist fast Luxus.

Nachdem wir geduscht haben, essen wir zu Mittag. Auch dieses Mal schmeckt das Tagesmenü wieder gut.

Nach einer kurzen Ruhepause auf unseren Betten, was unheimlich gut tut, erobern wir den Ort. *Portomarin* ist hier völlig neu aus dem Boden gestampft worden. Es gibt eine schöne Straße, die direkt zur wieder aufgebauten Kirche *San Nicolas* führt. Rechts und links an dieser Straße, von den Arkaden ein wenig verborgen, befinden sich eine Vielzahl von kleinen Geschäften, sowie Cafe-Bars und Büros.

Die Kirche ist eine alte Wehrkirche. Sie wirkt klobig und klotzig mit ihren dicken Steinmauern.

Plötzlich klopft Heijo jemand von hinten auf die Schulter. Ja, man glaubt es kaum, es ist ein ehemaliger Kunde von Heijo mit seiner Frau. Sie wohnen in *Willich* (Nachbarstadt von Kaarst) und pilgern auch auf dem Camino. Allerdings etwas anders als wir und die meisten Pilger. Sie sind mit dem PKW nach Spanien gekommen und setzen ihre Pilgerreise da fort, wo sie im letzten Jahr aufgehört haben. Mit dem PKW fahren sie voraus, stellen ihr Auto dort ab und organisieren bereits das Quartier für den Abend. Dann fahren sie mit Bus oder Bahn, zurück, und wandern bis zu dem Ort, wo ihr Auto steht und die Übernachtung vorgebucht ist. Manchmal, wenn es keine Busse oder keine Eisenbahn gibt, nehmen sie auch ein Taxi.

Wir verabreden uns für heute Abend, um ein Bier miteinander zu trinken und zu plaudern. Es wird ein lockerer und netter Abend.

Während wir in der Bar sitzen, fängt es plötzlich stark an zu regnen. Der erste Regen seit dem Beginn unserer Reise am 2. September. Unsere Zufallsbekanntschaft erzählt, daß es auf Mallorca und auch auf dem spanischen Festland zu Stürmen und Überschwemmungen gekommen sei. Eine Frau auf Mallorca sei dabei vom Wasser fortgespült worden. Da wir keine deutschen Zeitungen gelesen und keine deutschen Nachrichten gehört oder gesehen haben, sind diese Nachrichten für uns überraschend und besorgniserregend. Ich rufe daraufhin Jochen an und erkundige mich. Er bestätigt das mit der Frau und daß es Unwetter mit schweren Gewittern über der Insel gegeben habe. Aber bei ihm sei alles in Ordnung.

Wir verabschieden uns und suchen unsere Herberge auf.

Hoffentlich regnet und stürmt es morgen früh nicht mehr – lieber sollen die Wolken sich heute Nacht ausregnen! Aber ob diese Wünsche überhaupt jemand hört? Wir sind skeptisch!

## Von Portomarin nach Palas de Rei

Großes Malheur! Heijos *Credencial del Peregrino* (der Pilgerpass) ist weg.

Alles wird durchsucht, der Rucksack ganz ausgepackt, alle Seitentaschen werden ausgeräumt. Unter den Betten, neben den Betten nichts. Das Nachfragen an der Bar bringt ebenfalls nichts. Wir verlassen das Hostal und gehen nochmals in den Ort hinein, um an den Plätzen, wo wir gestern waren, nachzufragen. Vielleicht hat jemand was gefunden und abgegeben. Heijo schaut sogar dem Straßenkehrer in die Abfallkarre hinein, worauf der ganz verwundert ist … .

Die Leute sind sehr hilfsbereit und freundlich, doch die *Credencial* taucht nicht auf. Daraufhin gehen wir in einen kleinen Laden unter

den Arkaden, indem wir gestern einiges einge-
kauft haben. Obwohl die Geschäfte eigentlich
noch nicht geöffnet haben, macht die Frau, die
uns auch gestern bedient hat, die Tür auf, und
wir schildern unser Problem. Auf der Theke liegt
noch die Tageseinnahme von gestern, ein dickes
Bündel von 10-Euro-Scheinen, das mit einem
Gummi zusammengehalten wird, liegt frei vor
mir.

Heijo kauft für einen Euro eine neue *Credencial*, um wenigstens, sofern sie nicht mehr
auftaucht, alle notwendigen Stempel ab hier zu
haben, und so doch noch in *Compostela* die Urkunde zu bekommen.

Mittlerweile ist es 08:30 Uhr und wir verlassen nun *Portomarin*.

Ich empfinde es als hundekalt und ungemütlich, zumal wir auf die Jacken verzichtet haben,
und wieder kurzärmelig gehen! Es sind nur 14
Grad, wie mir das Thermometer anzeigt.

Über Nacht hat es stark geregnet. Gott sei
Dank sind die Wege noch gut begehbar!

So spät loszugehen hat auch den Vorteil, daß
man nicht ständig andere Pilger in den Hacken
hat.

Wir gehen gleichmäßig und meistern mit
Leichtigkeit die fiesen Buckel, die nirgend-
wo beschrieben, aber nun mal da sind.
Unser Weg führt nun durch eine Heideland-
schaft. Die Heide und auch manche Sträucher,
die unserem heimischen Ginster ähnlich schei-
nen – nur stachelige Zweige haben, blühen sehr
schön. Es macht richtig Laune heute Morgen.

Unterwegs begegnen wir wieder einigen bekannten Mitpilgern.

„Knolle", *Carlos* mit seinem spanischen Anhang, sowie *Sascha* mit seiner Lebensgefährtin aus Thüringen.

Es ist richtig schön, daß man sich immer wieder mal trifft. Oft sieht man sich einige Tage nicht und dann wieder häufiger.

Der Himmel sieht im Augenblick bedrohlich aus. Pechschwarze Wolken teilen sich mit weißen und grauen Wolken den Himmel über uns. Aber wir haben Glück. Es regnet nicht!

*Palas de Rei*, wir sind am Etappenziel und es ist 15:30 Uhr. Heute waren es 26km auf dem *Camino de Santiago*!

Die Pilgerherberge haben wir bald gefunden und quartieren uns für 9,00 EURO ein. Übrigens: Je näher wir nach *Compostela* kommen, desto mehr steigen die Preise für die Übernachtungen in den Herbergen.

Diese private Herberge *Buen Camino* ist eine Kombination von Herberge und Restaurant. Der Eigentümer, vielleicht halten wir ihn auch nur dafür, spricht uns an, ob wir bei ihm zu Abend essen möchten. Es ist zwar erst 17:00 Uhr, da wir aber jetzt Hunger haben, entscheiden wir auch, jetzt schon zu essen.

Wir erkundigen uns, was es denn so zu essen gebe. Daraufhin führt er uns in eine kleine Küche, neben dem Thekenbereich, und lässt uns sprichwörtlich in die zahlreichen Töpfe hineinschauen. Dabei erklärt er uns was die einzelnen Töpfe enthalten. Die Küche macht einen sehr sauberen Eindruck. Was wir gesehen und gehört haben ermuntert uns dann auch zu bestellen.

Als Vorspeise gibt es einen Teller spanische Linsensuppe mit Fleischeinlage – Heijo sortiert sorgfältig die Wurststückchen raus, und schmückt damit seinen Tellerrand. Mir schmekken die Wurststückchen sehr gut, sie kommen nahe an unsere deutschen Mettwürste heran.

Das Hauptgericht besteht aus gegarten Hühner- oder Hähnchenteilen und in Butter geschwenkten Salzkartoffeln.

Dann kommt der Nachtisch, es ist *Flan*, ein spezieller, leckerer, spanischer Pudding, den wir unterwegs schon mehrfach gegessen haben. Ich glaube, Heijo mag ihn besonders gern!

Dazu gibt es wieder eine Flasche vom fruchtigen, roten Hauswein.

Wir sind piepesatt. Es war lecker, und wieder viel zu viel.

So gestärkt, erkunden wir jetzt das 5.000 Einwohner zählende Dorf und machen ein paar Fotos. Im ganzen Dorf ist nix los!

Halt, am Abend gab es doch noch ein Event. Anlässlich eines lokalen Festes fand auf dem großen Dorfplatz ein Platzkonzert mit vielen Blasmusikern und einem gemischten Chor statt. Die Veranstaltung war gut besucht und auch wir haben uns ca. eine Stunde zu den Besuchern gesellt.

Wir haben zwar nichts verstanden, aber es hat sich schön angehört.

Inzwischen hatte sich das Wetter verschlechtert. Es wehte ein eisiger Wind über den ungeschützten Platz und es regnete. Trotz unserer dicken Windjacken froren wir. Das war dann der Zeitpunkt für uns in die Herberge zu gehen.

An der Bartheke des Restaurants trinken wir noch etwas. Nach einiger Zeit verteilt die Wirtin an alle Gäste ein Stückchen *Tarta de Santiago* auf kleinen weißen Tellern, die vorher mit einem speziellen Kaffeelikör beträufelt wurden.

*Tarta de Santiago* ist ein runder Kuchen, etwa so hoch wie ein Mürbeteigboden, der überwiegend aus Zucker, Mehl und vor allen Dingen mit vielen klein gestampften Mandeln, gebakken wird. Obendrauf wird eine Form vom galizischen Kreuz gelegt und dann Puderzucker gestreut. Danach wird das Kreuz weggenommen und man hat im Puderzucker dieses symbolische galizische Kreuz. Der Kuchen ist wie schon gesagt sehr süß aber wahnsinnig lecker.

Damit möchte ich heute schließen, denn die Müdigkeit macht sich immer stärker bemerkbar.

## Von Palas de Rei nach Melide

Gestern hatten wir uns vorgenommen, die große Etappe von *Palas de Rei* nach *Arzua*, die 30km lang ist, aufzuteilen. Also gehen wir heute nur bis *Melide*, das sind ca. 15,7 Kilometer. Und morgen gehen wir dann die restliche Strecke bis *Arzua*. So kurz vor *Compostela* wollen wir keinen Stress.

Wir sind die letzten die aufstehen. Eigentlich möchten wir hier im Haus frühstücken, aber daraus wird nichts. Wir kommen in das Restaurant nicht mehr hinein. Die Eingangstüren sind verschlossen und die Stühle stehen auf den Tischen. Hier wird wohl geputzt!

Ähnlich wie es uns geht, so geht es auch anderen Pilgern die hier übernachtet haben – übrigens auch „Knolle"!

Aber wir geben nicht auf. Wir wollen heute Morgen erst frühstücken! Schließlich finden wir eine Cafe-Bar und können dort unser Vorhaben in die Tat umsetzen.

Es ist inzwischen 08:45 Uhr – wir brechen auf. Unterwegs, wie kann das auch anders sein – bergauf und bergab.

Zwischendurch beginnt es doch tatsächlich an zu regnen. Erstmalig, seit wir unterwegs sind, benutzen wir das Regenzeug. Richtig nass werden wir gar nicht. Gegen 13:45 Uhr erreichen wir unser heutiges Ziel – *Melide. Melide* hat 8.200 Einwohner.

Heute möchten wir in der *Albergue Municipal* (Gemeindeherberge) übernachten. Wir werden registriert und man weist uns den Schlafraum zu. Gleich zu Anfang stellen wir fest, wie schmutzig es hier ist. Dennoch, wir wollen nicht zimperlich und anspruchsvoll sein, und packen aus. Dann wollen wir duschen. Wir stellen ganz schnell fest, daß offensichtlich alle aus dieser Herberge die sanitären Einrichtungen bei uns benutzen wollen. In kurzer Zeit bildet sich eine Schlange junger Pilger vor den Duschen. Es gibt keine Trennung nach Männlein und Weiblein. Es gibt drei Duschen und drei Toiletten. Von den Duschen ist eine abschließbar, die beiden anderen sind für mich so genannte „Peepshow-Duschen", da es keinen Sichtschutz gibt. Man steht quasi im Freien.

Nach diesen Beobachtungen und weiteren Feststellungen wie dreckig es ist, beschließen wir ein *Hostal* (Pension) zu suchen. Wir nehmen unsere Wertsachen mit und finden nach einiger Zeit des Suchens etwas Geeignetes. Wir buchen dort und gehen zur Herberge zurück, um unsere Sachen abzuholen.

Wieder im *Hostal* angekommen, packen wir erneut aus und atmen erst einmal durch. Derartige Negativerlebnisse wünschen wir uns und auch anderen Pilgern wirklich nicht!

## Von Melide nach Arzua

Nach einer guten Nacht, sowie dem Luxus eines sauberen Bettes, frischer Handtücher, einer warmen Dusche und einem spanischen Frühstück, machen wir uns um 08:45 Uhr wieder auf den Jakobsweg.

Der Himmel strahlt, nur wenige weiße Wolken unterbrechen das frische Blau. Wir haben 12–14 Grad. Wegen der morgendlichen Kälte haben wir vorsorglich unsere Windjacken angezogen, da wir uns nicht so kurz vor dem Ziel noch eine Erkältung holen wollen.

Unser Weg führt an zahlreichen Eukalyptusbäumen vorbei, die hier in dieser Landschaft fremd wirken und von den Ökologen auch gar nicht gern gesehen werden. Es sind kräftige, sehr hohe und ganz gerade wachsende Bäume. Die Äste fangen bei diesen Bäumen erst mehrere Meter über dem Boden an. Hier und dort liegen abgefallene Baumrindenstreifen herum.

Hohes Farn, Esskastanienbäume und Mais wohin wir schauen!

Die Landschaft ist auch weiter hügelig, fast könnte man meinen, man wäre in der Eifel unterwegs. Die Häuser sind kaum noch aus grauen Steinplatten gebaut, sondern immer häufiger verputzt und in hellem Gelb oder Ocker angestrichen. Diese Veränderungen sind auffällig.

Um 13:15 Uhr stehen wir in einer Schlange vor der viel gerühmten Gemeindeherberge von *Arzua*. Laut Aushang wird die Herberge täglich um 13:00 Uhr geöffnet. Wir bilden das Schlusslicht der Warteschlange.

Dann ist Einlass, wir bekommen die laufenden Nummern 29 und 30 im Herbergsbuch. Die Herberge verfügt insgesamt über 45 Schlafplätze. Direkt vor uns hat das spanische Paar sich einschreiben lassen. Sie bekommen einen anderen Raum zugewiesen als wir. Wir vermuten, daß es eine Trennung nach Ehepaaren und den übrigen Pilgern gibt. In unserem Schlafraum brummt und summt es vor lauter unterschiedlichen Stimmen und Sprachen. Wie werden hier wohl die Sanitäreinrichtungen sein?

Unsere Skepsis wird von der Realität bestätigt. Die Duschen sind diesmal nach Männern und Frauen getrennt. Eine lange Schlange halb bekleideter Männer steht auch hier wieder vor zwei „Peepshow-Duschen". Wir entscheiden uns dazu, aus dieser Schlange auszutreten, und es heute mit einer gründlichen Körperwäsche am Waschbecken der beiden Toiletten zu belassen.

Das war eine sehr gute Idee. Wir ziehen uns rasch um, und verlassen dann eilig die Herberge, nur raus hier!

Wir steuern die nächstliegende Cafe-Bar an und trinken und essen etwas. Der Hamburger ist echt gut.

Am späten Nachmittag gehen wir wieder in die Herberge zurück. Vielleicht können wir jetzt unsere Wäsche waschen und trocknen! Und tatsächlich – alle Trommeln stehen offen.

Wir holen ganz schnell unsere verschwitzten Sachen und waschen alles in einer großen Trommel für 4,40 EURO. Anschließend noch einen Euro für den Trockner, und schon haben wir wieder alles sauber.

Gegen Abend, wir können uns in der Herberge wirklich nicht aufhalten, gehen wir noch einmal ins Dorf. Wir kaufen Wasser und Obst für morgen ein. Viele Pilger tun es uns gleich.

Arzua ist kein schöner Ort. Wir schreiben einige Postkarten nach Deutschland und nippen zwischendurch an unserem *Rioja*, Jahrgang 2000, führen einige Telefonate und beobachten Menschen. Gleich gehen wir in die Herberge und hoffen ein paar Stunden Schlaf zu bekommen.

## *Von Arzua nach Pedrouzo*

Heute ist mein Geburtstag, der 63.! Schon wieder ein Jahr älter. Die Zeit läuft nicht, sie rast!

Wir werden gegen 06:00 Uhr von den unterschiedlichsten Geräuschen geweckt. Das Rascheln von Plastiktüten, das Scheppern von metallenen Trinkbechern und Wasserflaschen, ungestörtes Gähnen, das Knacken von den verschiedensten Knochen, Reißverschlüsse ratschen und Taschenlampen flackern überall im Raum umher. Das große Licht darf vor 07:00 Uhr nicht eingeschaltet werden. Um uns herum hektisches Treiben – Aufbruch!

Heijo und ich verhalten uns ganz ruhig, so als ob uns das alles nichts angeht. Wir haben vereinbart erst aufzustehen, wenn der große Teil der Pilgermeute hier raus ist.

Endlich ist es soweit! Wir haben nun keine Probleme mehr, eine freie Toilette oder ein freies Waschbecken zu bekommen. In aller Ruhe wird gepackt. Seit Tagen haben wir das komische Gefühl, daß unser Rucksack immer kleiner, oder unser Gepäck immer umfangreicher wird. So auch heute. Inzwischen hängen an meinem Rucksack bereits zwei zusätzliche Plastikbeutel – wie bei einem Landstreicher.

Wir wollen die Herberge verlassen, aber die Haupteingangstür ist verschlossen. Daraufhin gehen wir durch die Seitentür hinaus.

Es regnet in Strömen. Wieder zurück in die Herberge, Rucksack auf und das Regenzeug

herausnehmen. So verlassen wir nun endlich die Herberge, um nach 200m in die Cafe-Bar einzukehren, in der wir gestern den leckeren Hamburger gegessen und die Flasche *Rioja* getrunken haben.

Wir sind nicht die einzigen, die hier abschauern bzw. frühstücken wollen. Bis 08:30 Uhr warten wir ab. Dann wagen wir es. Es tröpfelt noch ein wenig. Die Wege sind trotz des Niederschlages gut zu gehen. Wir schwitzen fürchterlich unter dem Regenzeug! Nach 8km machen wir in einer Cafe-Bar am *Camino* einen Zwischenstopp.

Unser alter Bekannter *Knolle* ist auch da. Zwei Pilger aus dem Raum Aachen/Stolberg, ein Pilger aus Wuppertal, vier junge Frauen aus Deutschland und zwei Däninnen machen zurzeit ebenfalls hier eine Rast.

Man kommt miteinander ins Gespräch – leicht, bei diesem Jakobsweg, der uns alle beschäftigt!

Es nieselt wieder als wir aufbrechen. Über eine lange Zeit gehen wir schöne Waldwege, natürlich wieder bergauf und bergab.

Bei Kilometer 17 unserer heutigen Etappe machen wir Mittagsrast. Wir essen Spaghetti mit Carbonara und Käse. Es schmeckt gut, leider ist das Essen aber nur lauwarm!

Gegen 15:00 Uhr, nach 19km, erreichen wir *Pedrouzo* und finden sehr schnell eine Pension. Wir checken ein und hauen uns ein Stündchen aufs Ohr. Danach erkunden wir den Weg, den wir morgen früh weitergehen müssen.

Wir trinken ein schönes kühles *Estrella Galicia* auf meinen Geburtstag. Morgen wollen wir in *Compostela* das Geburtstagsessen nachholen.

Morgen früh, am letzten Tag unseres Pilgerweges nach *Santiago de Compostela*, werden wir es langsam angehen lassen. Die Reststrecke beträgt 19km. Je näher wir *Compostela* kommen, umso mehr steigt die Spannung und Vorfreude. Daß wir morgen schon am Ziel sein sollen, können wir nur schwer fassen, es ging alles so schnell!

## Von Pedrouzo nach Santiago de Compostela

Heute ist der Tag unserer Ankunft in *Santiago de Compostela*!

Um 08:00 Uhr verlassen wir das Hostal. Mit dem Frühstück wird es leider nichts. Die erste Cafe-Bar gefiel uns nicht, und die zweite hat noch geschlossen. Also muss es heute wieder einmal „ohne" gehen! Nebelschwaden liegen über der Landschaft, und wir haben eine hohe Luftfeuchtigkeit. Letztere ist schuld daran, daß wir unter unseren Anoraks schon nach kurzer Zeit stark schwitzen. Wir ziehen sie deshalb aus und gehen im kurzärmeligen Hemd weiter.

Stunde für Stunde gehen wir auch in dieser Region wieder an Eukalyptusbäumen vorbei. Unterwegs gibt es wieder reichlich von den anstrengenden Bergauf- und Bergab Passagen. Ich denke mir: „nicht mehr lange, Günter!".

Dann kommen wir nach *Labacolla*, wo der Flughafen von *Santiago de Compostela* ist. Halbkreisförmig umlaufen wir das Flugplatzgelände. Von hier aus geht es am Samstag zurück nach Palma und weiter nach Düsseldorf.

Wir müssen feststellen, daß ganz plötzlich auf den Markierungssteinen, die den Jakobsweg bisher alle 500 Meter kennzeichneten, die Kilometerangaben bis *Compostela* fehlen. Der Weg zieht sich unheimlich lang hin.

Wir erreichen den *Monte do Gozo*! Im Outdoor heißt es: „Monte do Gozo, Berg der Freude" und bezieht sich auf „das große Glücksgefühl, das die Pilger erfüllte, als sie nach all den Strapazen endlich das ersehnte Pilgerziel vor sich sahen."

Schnell ein paar Fotos und wir gehen weiter. Von jetzt an kommt mir der Rest der Strecke recht zäh und lang vor. Möglicherweise ist das bessere Wort für dieses Empfinden aber auch – Ungeduld oder Erwartung – ich weiß nicht so recht!

Am Fuße des *Monte do Gozo* gehen wir ein Stückchen über eine Straße und dann über eine lange Brücke. Plötzlich sehen wir rechts, noch auf dieser Brücke, das Ortseingangsschild von *Santiago de Compostela*. Dieses Schild muss ich unbedingt fotografieren!

Danach laufen wir noch viele Kilometer durch die Vororte der Stadt. Immer wieder orientieren

wir uns neu. Wir fragen nach der Kathedrale und bekommen stets gezeigt, wir sollen geradeaus weitergehen, immer weiter.

Wir können gar nicht glauben, daß man die markanten Türme immer noch nicht sehen kann. Später wissen wir warum, die historische Altstadt liegt nämlich in einer Senke.

Dann ist es soweit. Wir gehen durch einen Torbogen, unter dem eine junge Frau den Dudelsack spielt. Ich höre diese Musik sehr gerne. Wir gehen nur noch wenige Schritte, dann biegen wir nach links um die Ecke und stehen auf dem großen Platz vor der Kathedrale. Für mich ist es die prächtigste Kirche, außer dem Petersdom in Rom, die ich je gesehen habe.

Wir genießen unsere Ankunft in *Compostela* erst still, jeder für sich. Dann aber gratulieren wir uns gegenseitig und finden auch wieder Worte miteinander. Wir steigen die mächtige, beidseitig begehbare Außentreppe hoch, die uns zum Hauptportal der Kathedrale führt. Es sind viele Pilger und Touristen um uns herum. Wir betreten die Kathedrale voller Neugier, wie es wohl drinnen aussehen mag. Dann sehen wir eine Schlange von Menschen die anstehen, um den Apostel Jakobus, der auf einer Säule steht, zu begrüßen. Wir reihen uns ebenfalls ein in diese Schlange. Schritt für Schritt kommen wir näher zur Säule. Mir fällt auf, daß viele Leute ihre Angehörigen dann fotografieren, wenn sie ihre Hand an diese Säule legen.

Auch wir begrüßen den hl. Jakobus und gehen danach weiter ins Innere der Kirche. Wir suchen nach der Stelle in der Kathedrale, wo man die Figur des hl. Jakobus umarmen kann. Der Menschenansammlung nach zu urteilen, müssten wir sie schon gefunden haben.

Als wir an der Reihe sind, wollen wir mit unseren Rucksäcken auf den Schultern die schmale Tür passieren, was aber nicht möglich ist. Also nehmen wir die Rucksäcke ab und tragen sie in den Händen. Wir steigen die wenigen Stufen hoch und stehen nun hinter der mit einem Goldmantel bekleideten Figur des hl. Jakobus. Wir umarmen ihn, so wie es Brauch ist, bekommen von einer Aufsichtsperson im langen roten Gewand ein Bildchen in die Hand gedrückt und müssen weiter zum Ausgang gehen. Peregrinos, also Pilger, bekommen dieses Bildchen vom hl. Jakobus geschenkt, Nichtpilger müssen dafür

einen Euro geben. Der Strom der Besucher scheint nicht abzureißen.

Nach einem kurzen Aufenthalt und dem flüchtigen Besichtigen der Kathedrale, gehen wir zum Pilgerbüro, das direkt nebenan liegt. Wir legen unseren Pilgerpass vor. Der junge Mann hinter dem Tresen fragt, aus welchen Beweggründen wir die Wallfahrt hierher unternommen haben. Wir machen unser Kreuzchen und dann wird die *Compostela* (die Urkunde) ausgestellt. Unsere Vornamen werden lateinisch übersetzt und so auch in die Urkunde hineingeschrieben. Auch das ist uralte Tradition.

Wir sind soeben als ordentliche Pilger des Jakobsweges eingetragen und beurkundet worden – welch ein Gefühl. Wir sind stolz!

Nach diesen „aufreibenden" Momenten suchen wir nur noch ein stilles Plätzchen, möglichst in der Nähe der Kathedrale, und stoßen mit einem schönen kalten Bier auf unsere glückliche Wallfahrt an.

Jochen hatte telefonisch für uns eine Unterkunft vorgebucht. Nach kurzer Zeit finden wir die Straße und schließlich das *Hostal*. Wir checken ein. Lange halten wir es dort aber nicht aus, wir machen uns etwas frisch und tauschen die Wandersachen gegen leichte Kleidung, und dann ab in die Stadt. Wir möchten gerne so vieles sehen. Das Wetter ist ebenfalls toll, sodaß wir sicherlich auch gute Fotos machen können.

Die Stadt ist voller Menschen. Wir erkunden Straße für Straße in der Altstadt und um die Kathedrale herum. Es gibt viele Geschäfte, Cafe-Bars, Restaurants, Andenkenläden und Schmuckgeschäfte. Nach einiger Zeit finden wir ein schönes Lokal, indem ich mit Heijo mein Geburtstagsessen nachholen möchte. Wir sitzen draußen, an einer Straße, das Restaurant liegt gegenüber. Das Essen und der Wein sind sehr gut. Langsam kommen wir etwas zur Ruhe und realisieren, daß wir den *Camino* heute hier beendet haben. Wir haben nun das geschafft, wovon wir solange gesprochen und geträumt haben.

Nach dem Essen, inzwischen ist es dunkel geworden, zieht es uns noch einmal zur Kathedrale und dem riesigen Vorplatz hin. Das imposante Bauwerk wird nun von vielen Strahlern angeleuchtet. Unter den Arkaden musizieren Studenten in historischen Gewändern und mit uns teilweise unbekannten Musikinstrumenten. Die umste-

henden Zuhörer und auch wir sind begeistert. Plötzlich entdecken wir in der Menschenmenge auch unser spanisches Ehepaar wieder. Wir begrüßen uns und machen einige Fotos, als Erinnerung an die schöne Zeit auf dem *Camino*. Wir werden uns sehr wahrscheinlich nicht mehr begegnen!

Kurz vor Mitternacht fallen wir ins Bett. Der Tag war anstrengend – in jeder Beziehung!

### *Santiago de Compostela*

Mensch, was sind wir heute faul!
Erst haben wir lange geschlafen, dann gegenüber in der Cafe-Bar gefrühstückt. Plötzlich sehen wir Sascha und Kathleen, die auch in unserem *Hostal* übernachtet haben. Wir trinken gemeinsam noch einen Kaffee und erzählen uns gegenseitig, was seit dem letzten Treffen alles passiert ist. Die Beiden wollen heute in Richtung *Fisterra* aufbrechen. Ihr Zelt, welches sie unterwegs postlagernd *Santiago de Compostela* aufgegeben haben, werden sie vorher bei der Post

abholen. Wir haben ein paar Fotos gemacht, die wir uns gegenseitig via E-Mail zuschicken wollen.

Nachdem wir das Frühstücken beendet, und uns von *Sascha* und *Kathleen* verabschiedet haben, gehen Heijo und ich getrennt, etwas für die Daheimgebliebenen einkaufen. Wir wollen uns um 11:30 Uhr vor der Kathedrale treffen, um an der Pilgermesse teilzunehmen. Man muss schon früh in die Kathedrale gehen, damit man auch noch einen Sitzplatz bekommt. Die Pilgermesse ist gut besucht. Sie wird in spanischer Sprache gehalten. Priester aus unterschiedlichen Ländern lesen Fürbitten in ihren jeweiligen Muttersprachen vor. Plötzlich hören wir auch Fürbitten in Deutsch – wohltuend für unsere Ohren!

Nach der hl. Kommunion herrscht plötzlich eine gewisse Unruhe unter den Kirchenbesuchern. Acht Männer in dunkelroten, langen Gewändern, mit einem breiten Ledergürtel um die Hüften, machen sich an einem Seil zu schaffen. Die meisten ahnen sicher so wie wir, was jetzt kommt.

Im Vorraum des Altars wird ein großes, silbernes Gefäß, der *Botafumeiro*, mit Weihrauchharz befüllt und angezündet. Es steigt blauer Rauch auf. Plötzlich ziehen die „Rotgekleideten" an den Seilenden. Ein kräftiger Ruck und das riesige Weihrauchfass wird hochgezogen. Ein lautes Raunen geht durch die Kathedrale. Und dann wird der silberne Kessel erst richtig in Schwung gebracht. Im großen Bogen schwingt er durch das Querschiff und stößt dabei kräftig Weihrauchqualm aus. Zeitweise sieht man sogar das helle Feuer im Kesselinnern aufleuchten. Ein Riesenschauspiel! Alle sind begeistert, Heijo und ich natürlich eingeschlossen. Es wird gefilmt und fotografiert wie wild. Jeder möchte später den Freunden und Familien dieses Schauspiel zeigen können.

Nach einigen Minuten wird der Weihrauchkessel, von einem der acht Männer, mit einem plötzlichen Ruck zum Stehen gebracht. Das Schauspiel ist beendet und alle klatschen Beifall. Dann folgt der für uns bedeutungsvolle Pilgersegen. Wir verlassen die Kathedrale. Ich möchte sagen, daß das Mitfeiern dieser hl. Messe für uns etwas Besonderes war.

Nachmittags erkunden wir die Stadt und suchen noch immer nach Mitbringseln. Es ist schwierig, aber wir finden etwas.

107

## Von Santiago de Compostela nach Negreira,

Eigentlich müssen wir heute nicht weitergehen, aber wir hatten das vorher so beschlossen. Hinzu kommt, daß wir noch genügend Zeit zur Verfügung haben.

Also brechen wir um 08:00 Uhr, nach einem kurzen Frühstück wieder auf. Wir wollen Santiago de *Compostela* auch mal von der anderen Seite sehen. Unser Etappenziel heißt *Negreira*. 23 km liegen vor uns.

Am Abend vorher haben wir den Weg von der Kathedrale zur Stadt hinaus erkundet. Infolgedessen können wir nun forsch losgehen. Als wir uns irgendwann einmal umschauen sehen wir die Kathedrale mit ihren beiden markanten Türmen. Ein dritter Turm, von einem der Nebengebäude, ist ebenfalls gut zu sehen.

Bald schon führt uns der Jakobsweg durch Waldgebiete. Wir sehen hautnah die großen Brandschäden aus den Monaten Juli und August dieses Jahres. Mehr als 1 1/2 Stunden laufen wir nur durch schwarze Asche. Es riecht immer noch stark nach Rauch und verbranntem Holz.

Diese Gegend, durch die wir gerade laufen, ist arg geschunden! Und dann, man glaubt es kaum, mitten aus dieser schwarzen Asche wachsen Blumen heraus. Sie sehen aus wie lilafarbene Mini-Krokusse. Der Kontrast ist gewaltig. Ich muss unbedingt ein Foto machen.

Wir gehen weiter, und hoffen bald eine Einkehrmöglichkeit zu finden. Aber es soll heute

recht lange dauern bis wir eine finden. (Seit wir in *Compostela* losgegangen sind, gibt es kaum Dörfer, bzw. der Jakobsweg führt an ihnen vorbei.)

Bei unserer Rast treffen wir das Paar aus Dormagen wieder. Sie wollen heute auch nach Negreira und dann in den folgenden Tagen weiter bis nach *Fisterra* laufen. Wir bekommen noch

ein paar Tipps bezüglich *Hostals* für die Orte *Negreira* und *Fisterra*.

Es geht weiter. Um 14:30 Uhr erreichen wir *Negreira* und buchen im *Hostal Tamara* für 38,50 EURO ein Doppelzimmer. Wir ruhen uns etwas aus und beschließen, danach den Ort näher kennen zu lernen. *Negreira* hat 7.000 Einwohner.

Zuerst erkunden wir uns nach den Busverbindungen in Richtung *Cee*. Von dort möchten wir gerne bis nach *Fisterra* laufen, das wäre dann die letzte Etappe auf dem gesamten Jakobsweg. Leider gibt es aber keine Verbindung nach *Cee*. Wir müssen den Bus bis nach *Muxia* nehmen, und dort in einen weiteren Bus umsteigen, der uns dann nach *Fisterra* bringt. Es läuft anders, als wir es uns gedacht haben. Nun gut, wir entscheiden uns dafür, morgen früh direkt nach *Fisterra* zu fahren und dann dort zu übernachten.

Wir besuchen eine Cafe-Bar und trinken etwas. An der Theke sitzt ein Mann, dessen Alter ich nur schwer schätzen kann. Wir kommen miteinander ins Gespräch. Er spricht sehr gut Deutsch. Nach einer halben Stunde, in der wir uns gegenseitig abgetastet haben, trinken wir das erste Glas Rotwein zusammen, denen im Verlauf des Abends noch einige folgen sollen.

Er wird der *Aleman* (der Deutsche) genannt, weil er lange in Deutschland studiert, gelebt und gearbeitet hat. Nun ist er 66 Jahre alt und Rentner. Diese Cafe-Bar, die auch nach seiner Aussage ein gutes Restaurant ist, ist sein Stammlokal. Etwas später erzählt er von einer ehemaligen Liebschaft im Rheinland, in Kaarst. Wir sagen, daß wir aus Kaarst kommen. Er fasst es nicht und wir sind höflich genug ihn nicht weiter zu fragen. So klein ist die Welt!

Nach einigen gemütlichen Stunden bei gutem Rotwein, leckeren *Tapas* und in angenehmer Gesellschaft, haben wir dann die Zeche gedrittelt und uns vom *Aleman* verabschiedet.

## Von Negreira nach Fisterra

Der leckere Rotwein hat nicht geschadet, aber auch nicht geholfen. Wir haben schlecht geschlafen!

Wir packen unsere Rucksäcke und gehen runter zur Cafe-Bar. Dort trinken wir einen Kaffee

und essen ein Riesen-Croissant. Am Nebentisch sitzen bereits unsere Bekannten aus Dormagen

Draußen stürmt es. Man sieht starke Windböen, die die Bäume und Sträucher wie wild hin und her schütteln. Die Außentür zum *Hostal* wird immer wieder von den Böen aufgestoßen. In diesem Wetter wollen die Dormagener tatsächlich weitergehen! Wir beide können das nicht nachvollziehen. Hoffentlich kommen sie heil dadurch.

Nachdem wir uns verabschiedet haben, ver-

lassen wir um 08:30 Uhr das *Hostal*. Unser Bus fährt um 08:45 Uhr nach *Muxia*.

Wir stehen rechtzeitig an der Haltestelle, der Bus kommt und wir wollen ein Ticket lösen und einsteigen. Der Busfahrer aber deutet an, daß wir ruhig wieder in die Cafe-Bar gehen können, denn er wolle noch schnell einen Cafe trinken.

Nachdem der Fahrer seinen Cafe ausgetrunken hat, verlassen wir die Bar und laufen hinter ihm her zum Bus. Unsere Rucksäcke kommen in den Bauch des Busses. Wir lösen jeder ein

Ticket nach *Muxia* und suchen uns einen guten Fensterplatz aus. Es kann losgehen. Inzwischen ist es 09:00 Uhr! Der Bus hält ohne ersichtliches System mal da mal dort. Unterwegs liegen viele Zweige und einige Male sogar Bäume auf der Straße. Der Sturm war in der Nacht wohl sehr heftig. Wir denken öfters über das Paar aus Dormagen nach, hoffentlich geht bei denen alles gut.

Die Fahrt nach *Muxia* dauert ca. eine Stunde. Dort angekommen, schreibt der freundliche Busfahrer mir noch die Abfahrtzeit für den Bus nach *Fisterra* auf einen kleinen Zettel, und zeigt auf die Stelle, an der wir auf den Bus warten sollen. Ich bedanke mich herzlich mit einem kräftigen „*muchas gracias*"! Wir nehmen unser Gepäck und schauen uns etwas um. Draußen ist es ungemütlich und windig. Wir warten deshalb in einer Cafe-Bar auf den Anschluss nach *Fisterra*. Wir lösen für 2,50 EURO ein Ticket und fahren los. Es geht wieder übers Land, bis wir in Küstennähe kommen und den Ort *Cee* erreichen. Der Fahrer erklärt allen Reisenden, daß sie hier umsteigen müssen. Also nimmt jeder wieder sein Gepäck auf und war-

tet auf den nächsten Bus, in unserem Falle den, der uns endlich nach *Fisterra* bringt. Ich nutze diesen Aufenthalt, um meine Eintragungen im Tagebuch fortzusetzen.

Um 11:45 Uhr sollte es eigentlich losgehen. Aber auch dieser Bus fährt mit einer Verspätung von 15 Minuten hier ab – scheint in Spanien üblich zu sein!?

Um 12:15 Uhr bringt der Bus uns direkt zum *Hafen von Fisterra*. Der Himmel sieht finster aus.

Wir bemühen uns sofort um eine Bleibe für die Nacht. Dazu verlassen wir die Hafengegend und suchen weiter oben, an der Hauptstraße. Nachdem wir uns das erste *Hostal* angesehen haben, entscheiden wir hier zu bleiben. Der Preis ist sensationell – 25 EURO kostet uns das Doppelzimmer. Es ist sehr sauber und wir haben wieder ein Bad für uns.

Wir sitzen in einem Restaurant und haben uns eine große Fischplatte bestellt, davon ausgehend, daß man hier, direkt am Atlantik, wo die Fischer jeden Morgen ihren frischen Fang anbieten, einfach Fisch essen muss!

Von unserem Tisch aus können wir auf den

Hauptteil des Fischerhafens blicken. Eine Vielzahl von kleinen, bunten Booten tanzt auf dem leicht kabbeligen Wasser auf und ab. Hin und wieder traut sich schon mal für einen kurzen Moment ein Sonnenstrahl durch die Wolkendecke zu blinzeln. Menschen sehen wir nicht so viele. Der Sommer ist vorbei. Nur Pilger und Touristen, die zum *Kap Finisterre* hinauf wollen, besuchen um diese Jahreszeit *Fisterra*.

Dann kommt unsere Fischplatte – sie ist riesig – drei Sorten leckeren Fisch mit Salzkartoffeln. Es schmeckt sehr, sehr lecker. Die Portionen sind mehr als genug, sie sind üppig. Gerne hätte ich noch einen *Cortado* (eine Art Espresso mit Milch) getrunken, aber das geht leider nicht, da seit einigen Stunden schon der Strom ausgefallen ist. Vermutlich eine Folge des gestrigen Sturms.

Inzwischen ist es wieder richtig schön warm geworden, die Sonne scheint kräftig. Wir entscheiden kurzfristig unsere Pläne zu ändern, und jetzt gleich, statt morgen früh, zum Kap zu gehen. Die Strecke beträgt hin und zurück 5,4 km – das sollte für uns kein Thema sein!

Wir gehen auf der breiten Teerstraße hoch und haben auf der linken Seite immer den

Atlantik im Blick. Weit vor uns sehen wir das Kap mit einigen Gebäuden liegen. Wir kommen näher und näher – dann sind wir da. Wir sind am Kilometerstein 0 des Jakobsweges angekommen. Schwarz auf Weiß steht es da.

Es gibt hier oben einiges zu sehen. Der Wanderschuh aus Bronze oder Messing. Die angesengten Steine davor. Hier haben Pilger wohl Teile ihrer Kleidung verbrannt, auch so ein Brauch auf dem *Camino*. Wir hatten nichts zu verbrennen!

Weiter unten steht ein stählerner Mast, an dem viele bunte Kleidungsstücke flattern. Eine Gruppe von jungen Leuten hält sich dort auf. Einige von ihnen klettern den Mast hoch und haben dabei ein T-Shirt, einen Schal oder irgendein anderes Kleidungsstück in der Hand, was sie wohl an den Mast binden wollen. Es wir richtig gefeiert.

Hier am Kap weht ein scharfer und eiskalter Wind. Ich suche mir einen windgeschützten Platz an einer Mauer und warte auf Heijo, der zum Mast hinunter gestiegen ist.

Das ist also das im Mittelalter erwähnte und geglaubte „Ende der Welt"!

Langsam gehen wir wieder zum Ort zurück. Als wir wieder in unser *Hostal* kommen, ist der Strom immer noch nicht da. Wir fragen uns, wie die Geschäfte und Gastronomiebetriebe solange ohne Strom auskommen können. Hier und da, besonders in größeren Geschäften und Restaurants, konnten wir feststellen, daß es wohl Dieselmotoren gibt, mit denen Strom erzeugt wird. Die Dinger machen einen Höllenlärm!

Abends gehen wir wieder in den Hafen hinunter. In der dritten Bar, die sehr ordentlich und sauber aussieht, essen wir ein frisch gemachtes *Bocadillo* mit Schinken, Käse und Tomaten. Zusätzlich bestelle ich noch 4 Sardinen, die mir die Wirtin vorher gezeigt hat. Die Fische werden gebraten und anschließend mit Brot serviert. Lekker!

Während wir beim Essen sind, fällt immer wieder der Strom aus. Die Menschen hier nehmen das aber sehr gelassen auf. Es scheint hier öfter vorzukommen.

In unserem *Hostal* nehmen wir noch einen „Schlummertrunk" und schauen uns dabei die Nachrichten an. Verstehen tun wir zwar fast nichts, aber die Bilder können wir ganz gut deuten. Es geht in der Hauptsache um die Stürme und ihre Auswirkungen in Galicien und dem Rest von Spanien.

Mit der nötigen Bettschwere versehen, legen wir uns in unsere frischen, sauberen Betten. Morgen geht es zurück nach *Santiago de Compostela*.

## Von Fisterra nach Santiago de Compostela

Heute frühstücken wir im *Hostal*, es ist 08:30 Uhr. Ich fühle mich fit. Habe gut geschlafen.

Unser Bus nach *Santiago de Compostela* fährt fahrplanmäßig – und nun auch zur vorgesehenen Abfahrtzeit 11:00 Uhr.

Es wird eine lange Fahrt von ca. 2 1/2 Stunden, so hat es uns der Fahrer gesagt.

Angeblich soll es eine „Direktverbindung" sein, dennoch hält der Doppeldecker-Bus viele Male, manchmal irgendwo auf einer Landstraße oder an einem allein stehenden Haus. Es hat angefangen zu regnen. Den Busfahrer scheint das aber überhaupt nicht zu stören, er fährt mit unverminderter Geschwindigkeit über die Landstraßen. Wir sind froh, als wir um 13:15 Uhr im zentralen Omnibusbahnhof von *Compostela* den Bus verlassen.

Nun suchen wir einen Bus, der uns von hier in die Innenstadt bringt. Wir laufen über drei Etagen durch den Omnibusbahnhof, ohne einen Hinweis auf die gesuchten Stadtbusse zu finden. Kurz entschlossen nehmen wir ein Taxi, das uns in kurzer Zeit für nur 6,00 EURO zur *Plaza Galicia* bringt. Von hier aus haben wir nur noch etwa 100 Meter bis zu unserem *Hostal*. Es kann manchmal so einfach sein … . Das *Hostal* hatten wir am Dienstag schon vorgebucht. Wir werden also schon erwartet und kennen uns im Hause aus. Freundlich werden wir vom Inhaber in deutscher Sprache empfangen. Er bedauert, daß wir dieses Mal ein anderes Zimmer, auf einer anderen Etage nehmen müssen, uns ist es egal.

Heute übernachten wir das letzte Mal in den Mauern von *Santiago de Compostela*.

Wir packen unsere Rucksäcke aus, sortieren die Wäsche, zählen unsere restlichen „Mäuse" und packen alles wieder neu ein.

Dann gehen wir in die Stadt. Es regnet immer wieder und teils sehr heftig. Mehrmals sagen wir uns: „Hatten wir auf dem *Camino* doch ein Glück mit dem Wetter!"

Abends besuchen wir erneut die Tapas Bar, in der wir Dienstagabend schon einmal gegessen haben. Inzwischen wissen wir ja wie es geht, und lassen es uns schmecken!

Plötzlich meldet sich mein linkes Knie zurück, trotz des Stützverbandes. Gut, daß das Laufen vorbei ist.

Wir gehen heute früh in die Betten und haben vor, morgen lange zu schlafen.

## Von Santiago de Compostela nach Kaarst

Den Vorsatz von gestern Abend schmeißen wir über Bord.

Es ist 08:00 Uhr und wir stehen auf. Wir beginnen den neuen Tag, indem wir gegenüber in Ruhe frühstücken. Dabei treffen wir eine Gruppe von Radpilgern, die auf ihren Trekkingrädern bis hierher 2.300km zurückgelegt haben. Die Männer sind bis auf einen, alle Rentner und zwischen 57 und 69 Jahre alt. Die meisten sind Hobby-Radfahrer und es ist auch keine Gruppierung, die sich untereinander sonderlich gut kennt. Auch dieses Mal tauschen wir wie sooft schon, gegenseitig unsere Erfahrungen auf dem *Camino* aus. Wir verabschieden uns von ihnen und gehen zurück ins *Hostal*.

Wir möchten den *Hostal* Besitzer fragen, ob wir unser Gepäck bis 14:30 Uhr bei ihm abstellen dürfen. Er erlaubt es. Wir räumen unser Zimmer und stellen das Gepäck ab. Danach gehen wir erleichtert in die Stadt.

Wir wollen um 12:00 Uhr, zum Abschied, noch einmal die Pilgermesse besuchen. Vor der Messe verabschieden wir uns schon einmal vom hl. Jakobus. Wir umarmen ihn! Dann erleben wir die Pilgermesse zum zweiten Mal. Dieses Mal erlebe ich alles bewusster. Ich bekomme viel mehr mit als am Dienstag. Auch dieses Mal wird wieder jemand die erforderliche Geldsumme aufgebracht haben, denn der *Botafumeiro* ist erneut im Einsatz.

Nun verlassen wir die Kathedrale und das umliegende Gelände. Für uns ist es der Abschied von unserem Ziel, daß wir uns vor einigen

Jahren gesetzt, und nun auch erreicht haben.

Es kommen immer neue Pilger in die Stadt, sie lösen uns ab.

Wir gehen zum *Hoſtal* zurück und holen unser Gepäck. Inzwischen gießt es wie aus Kübeln. Der Himmel ist tiefgrau. Wir gehen zum Taxistand, d.h. wir laufen halb dorthin, da wir sonst klatschnass werden. Kein Taxi zu sehen. Wir stellen uns unter, so gut es geht. Lange Zeit kommt kein einziges Taxi, gestern standen sie in langer Reihe hier.

Dann, endlich, Heijo hat eins herbei gewunken. Andere wollen das gleiche Taxi haben, aber wir sind schnell wie die Wiesel. Gepäck in den Kofferraum und hinein ins Taxi. Wir nennen dem Fahrer unser Ziel – der *Flughafen Santiago de Compoſtela*!

Wir atmen durch! Die Strecke zum Flughafen kommt mir sehr lang vor. Der Regen nimmt immer noch zu. Teilweise steht das Wasser auf den Straßen, aber unser Fahrer scheint sein Auto gut zu kennen und ein kleiner Alonso zu sein. Um die Anspannung aufgrund des Rasens bei derartigem Regen etwas zu mindern, sage ich zu ihm: „buen coche" – was soviel heißen soll wie „ein gutes Auto". Ich wollte ihn eigentlich dadurch ein wenig vom Schnellfahren ablenken, aber das war wohl nichts, er gab weiter Vollgas.

Am Flughafen glücklich und unversehrt angekommen, informieren wir uns erst einmal. Aha, da fliegen wir ab, da ist der Schalter zum Einchecken usw. Wir beschließen als erstes unser Gepäck transporttauglich zu verschnüren. Dann gehen wir zum Schalter und bekommen unsere Tickets. Alles ging reibungslos. Wir fühlen uns unendlich erleichtert, nur mit dem kleinen Handgepäck.

Bis wir an Bord unseres Fliegers gehen können haben wir noch eine Menge Zeit. Also setzen wir uns in das Flughafen-Cafe und versuchen die Zeit totzuschlagen. Aber da wird nichts draus.

Ein Tisch weiter, sitzen zwei sehr unterschiedliche, ältere Frauen. Die eine ist klein, schlank und hat eine Kurzhaarfrisur. Sie stammt aus Deutschland (Nähe München), die andere Frau ist korpulent, fein gekleidet und sieht sehr gepflegt aus. Sie ist Spanierin und war 45 Jahre mit einem deutschen Mann verheiratet. Sie hat lange Zeit in München gelebt. Die beiden Frauen kennen sich aus dieser Zeit. Die Spanierin ist

nach dem Tod ihres Mannes wieder in ihre Heimat nach *Santiago de Compostela* gezogen. Die Freundin aus gemeinsamen Münchener Zeiten hat sich inzwischen in *Santiago* was Eigenes gekauft und kommt mehrmals im Jahr für einige Monate hierher.

Wir unterhalten uns lange über dieses und jenes, und die Zeit vergeht im Fluge. Es war eine nette, unkomplizierte Unterhaltung. Wir verabschieden uns und gehen dann in Richtung unseres Gates zur Kontrolle.

Unsere Maschine ist noch gar nicht gelandet, und in 30 Minuten soll es Richtung *Palma de Mallorca* gehen. Das riecht nach einer Verspätung. Richtig! Mit einer halben Stunde Verspätung hebt unser Flugzeug ab.

Nach einem ruhigen Flug landen wir in *Palma* – eben verspätet, was aber kein Problem darstellt. „Die Anschlussflüge werden alle Passagiere aus *Santiago de Compostela* erreichen." – so hatte es der Flugkapitän durchgesagt. *Palma* sieht auch duster aus. Ich weiß gar nicht, ob es der schon der hereinbrechende Abend oder die Regenwolken sind.

CAPITULUM hujus Almae Apostolicae et Metropolitanae Ecclesiae Compostellanae sigilli Altaris Beati Jacobi Apostoli custos, ut omnibus Fidelibus et Peregrinis ex toto terrarum Orbe, devotionis affectu vel voti causa, ad limina Apostoli Nostri Hispaniarum Patroni ac Tutelaris **SANCTI JACOBI** convenientibus, authenticas visitationis litteras expediat, omnibus et singulis praesentes inspecturis, notum facit: Dnvm

*Guntherium* *Gülden*

hoc sacratissimum Templum pietatis causa devote visitasse In quorum fidem praesentes litteras, sigillo ejusdem Sancta Ecclesiae munitas, ei confero.

Datum Compostellae die *18* mensis *septembris* anno Dni *2006*

Canonicus Deputatus pro Pe

Die Maschine nach Düsseldorf ist proppenvoll! Heijo und ich sitzen ganz weit hinten, in Reihe 27. Es ist furchtbar eng. Die Triebwerke machen einen Höllenlärm, so kommt es mir jedenfalls vor. Dabei schreibt AirBerlin in den Bordmagazinen wie leise doch ihre Maschinen seien … .

Und dann kommen die dreieckigen Sandwichs. Für die letzten Euros bestelle ich uns eine kleine Flasche Rotwein. Wir lassen uns beides schmecken.

In Düsseldorf landen wir nur mit ganz geringer Verspätung. Wir stehen am Gepäckband. Mit uns warten noch weitere 180 Passagiere. Die meisten haben schon ihr Gepäck – dann kommt endlich auch unseres.

Wir gehen zum Ausgang und suchen in der Menge nach unseren Lieben. Sie sehen uns erst nicht, sie haben uns offensichtlich an anderer Stelle erwartet. Dann aber ein großes Hallo, Drücken, Küssen, auf die Schultern klopfen – wir sind wieder zurück.

Unsere Frauen begrüßen uns mit Rosen. Wir trinken noch was zusammen und dann fahren Heijo und ich, nach drei Wochen erstmalig getrennt, mit unseren Familien nachhause.

# Katholische Kirchengemeinde
## Sieben Schmerzen Mariens

Königstr. 42
41564 Kaarst
Tel.: 02131/ 7 95 70 40
Fax: 02131/ 7 95 70 50
01.09.2006

Herrn
Günter Gülden
Onyxweg 4

41564 Kaarst

## Pilgersegen

*Allmächtiger Gott,*
*du hörst nicht auf, deine Güte denen zu zeigen, die dich lieben und lässt dich immer wieder von denen finden,*
*die dich suchen. Sei gnädig deinem Pilger **Günter Gülden**, der sich auf den Weg nach Santiago de Compostela*
*begibt, und lenke seine Schritte nach deinem Willen.*
*Sei ihm Schatten in der Hitze des Tages, Licht im Dunkel der Nacht und Kraft in der Erschöpfung,*
*dass er mit deiner Hilfe und unter deinem Schutz glücklich ans Ziel seines Weges komme.*
*Durch Jesus Christus unseren Herrn.*
*Amen.*

**Wir empfehlen diesen Pilger, Herrn Günter Gülden, Ihrer Fürsorge und bitten Sie, um der Liebe Gottes willen, ihn herzlich aufzunehmen, für ihn zu beten und ihm im Notfall Unterstützung zukommen zu lassen.**

Das Kath. Pfarramt Sieben Schmerzen Mariens Holzbüttgen

(Pfarrer)

Ich, Günter Gülden, habe mich entschlossen, meine gewohnte Umgebung zu verlassen, um mich nach Santiago de Compostela zu begeben. Ich möchte den Geist des christlichen Pilgerns, sowie meine Mitpilger, meine Gastgeber und die Natur respektieren.

(Unterschrift des Pilgers)

## *Nachbetrachtungen*

Wir haben auf dem *Camino* viel gesehen und einiges erleben dürfen. Uns sind die verschiedensten Menschen begegnet, Menschen die wir vorher nicht kannten, aber mit denen man gerne gesprochen und sich ausgetauscht hat.

Ob es nun die einfache *Bauersfrau in Galicien* war, die uns ihre frisch gebackenen Eierpfannkuchen anbot, oder die *alte Frau auf einer Bank an einer Bushaltestelle*, die aus ihrem Mini-Gebetbuch leise ihre Gebete sprach. Leider verstanden wir sie nicht.

Auch der *Hospitalero in Villar de Mazarife*, der für Heijo und mich extra eine vegetarische *Paella* zauberte, und uns am anderen Morgen mit Handschlag verabschiedete.

Nicht vergessen wollen wir den lustigen und ewig polternden *Hospitalero aus der privaten Herberge in Villafranca del Bierzo.*

*„Der verrückte Franzose"* – so hat er sich selbst genannt, lange hatten wir ihn nicht mehr gesehen. Plötzlich sehen wir ihn mit der *„singenden Italienerin"* unter den Arkaden von *Compostela* sitzen. Er zog den Rucksack auf einem Gestell,

das wie ein Trolly aussah, ständig hinter sich her. Wir haben uns gefragt, wie ist er damit über die vielen Berge gekommen – und nun sitzt er hier!

Oder:

- Frl. Jännerwein aus Bayern, sie war allein unterwegs, irgendwann haben wir sie nicht mehr gesehen
- Sascha und Kathleen aus Thüringen
- Katharina, die allein mit dem Mountain Bike unterwegs war
- das Paar aus Dormagen
- das Paar aus Spanien – die Frau war von Wanzen arg zerbissen worden
- der Autohändler aus dem Münsterland, der im Juni noch einen schweren Herzinfarkt gehabt hatte
- die beiden Männer aus Aachen/Stolberg
- der Einzelpilger aus Wuppertal, den zwei Däninnen unbedingt wieder erkannt haben wollen
- die Gruppe von Männern aus Limburg an der Lahn, die per Rad über 2.000km bis *Santiago* zurückgelegt haben

… und, und, und.

Sie alle haben unser *Camino* Erlebnis bereichert.

Der *Camino* verdient zu Recht den Zusatz *duro* (hart). Wir haben ihn bei Temperaturen von 40 Grad erlebt und auch bei 15 Grad. Wir haben verdorrtes Land gesehen, ohne Sträucher und ohne Bäume. Wir sind die unzähligen Hügel hochgestiegen und wieder hinunter. Wir haben die fruchtbare Region Galiciens mit Esskastanien-, Walnuss- und Eukalyptusbäumen durchwandert. Wir haben den *O Cebreiro* geschafft und am *Cruz de Ferro* unseren Stein von zuhause hingelegt. Dort liegt er nun mit Tausenden und Abertausenden, und mit ihm die Sorgen und Gedanken von uns. Wir sind durch eine verbrannte Landschaft gegangen und haben lebloses Gerippe von einstmals prächtigen Bäumen gesehen. Aber wir haben auch das neue Leben in der schwarzen Asche des abgebrannten Waldes, in Form von frischem, grünen Farn und bunten Blumen gesehen. Das Leben geht weiter!

Schließlich haben wir *Santiago de Compostela*, unser Ziel, gesehen und erlebt.

Die prächtige Kathedrale, den *Botafumeiro*, die Jakobussäule, die Pilgermessen, die vielen Pilger und Besucher.

**Wir waren am Schrein mit den Gebeinen des Apostels Jakobus. Mein Traum hat sich erfüllt!**

*143*

# Bildnachweis

**Titel**, Foto GG, 11.09.2006, von O Cebreiro nach Triacastela, **Seite 6**, Foto GG, Unterlagen zur Reisevorbereitung  **Seite 18**, Foto GG, 03.09.2006, Kathedrale von León  **Seite 26**, Foto GG, 04.09.2006, Kirche von Mazarife  **Seite 28-Oben**, Foto HH, 05.09.2006, auf dem Weg nach Astorga  **Seite 28-Unten**, Foto GG, 05.09.2006, der Bischofspalast von Astorga  **Seite 34**, Foto GG, 06.09.2006, hinter Astorga  **Seite 36**, Foto GG, 07.09.2006, Cruz de Ferro  **Seite 49**, Foto GG, 10.09.2006, Teilstück eines alten Römerweges hinter Vega de Valcarce  **Seite 52-Oben**, Foto GG, 10.09.2006, eine Schafherde auf dem Weg zum O Cebreiro  **Seite 52-Unten**, Foto GG, 10.09.2006, Rundhaus in O Cebreiro  **Seite 65**, Foto HH, 13.09.2006, auf dem Weg nach Portomarin  **Seite 67**, Foto HH, 13.09.2006, noch 100km bis Santiago de Compostela  **Seite 68-69**, Foto GG, 13.09.2006, Weidelandschaft in Galicien  **Seite 74-75**, Foto GG, 14.09.2006, wir verlassen Portomarin  **Seite 76-77**, Foto GG, 14.09.2006, schöne Landschaft auf dem Weg nach Palas de Rei  **Seite 82**, Foto GG, 15.09.2006, Melide  **Seite 89**, Foto HH, 17.09.2006, typisch galicisches Kreuz in Richtung Pedrouzo  **Seite 92-93**, Foto GG, 18.09.2006, starker Nebel auf der letzten Etappe nach Santiago  **Seite 96**, Foto HH, 18.09.2006, in Santiago de Compostela, wir sehen bereits die Türme  **Seite 99**, Foto GG, 18.09.2006, die Kathedrale bei unserer Ankunft  **Seite 100-101**, Foto GG, 18.09.2006, die Kathedrale am späten Abend  **Seite 104-105**, Foto GG, 19.09.2006, Pilgermesse mit Botafumeiro  **Seite 108**, Foto GG, 19.09.2006, Rundkirche in der Nähe der Kathedrale  **Seite 110-111**, Foto GG, 20.09.2006, Santiago de Compostela von der Rückseite  **Seite 112-Oben**, Foto GG, 20.09.2006, auf dem Weg nach Negreira  **Seite 112-Unten**, Foto HH, 20.09.2006, eine der vielen schönen Steinbrücken  **Seite 113**, Foto GG, 20.09.2006, verbrannter Eukalyptuswald  **Seite 116-117**, Foto GG, 21.09.2006, der Hafen von Fisterra  **Seite 118-119**, Foto GG, 21.09.2006, Bronzeschuh am Kap Finisterre  **Seite 120**, Foto GG, 21.09.2006, ein markantes Symbol – Kilometer Null  **Seite 122-123**, Foto GG, 21.09.2006, Pilgerbrauch, hier lassen was man nicht mehr braucht  **Seite 134**, Foto GG, 23.09.2006, Rückflug nach Deutschland  **Seite 136**, Compostela (Pilgerurkunde)  **Seite 138**, Empfehlungsschreiben der Pfarrgemeinde, **Rückseite**, Foto GG, 04.09.2006, typisches Wegezeichen auf dem Jakobsweg

GG = Günter Gülden, HH = Heijo Heister